Identifikation und Commitment fördern

Praxis der Personalpsychologie
Human Resource Management kompakt
Band 5

Identifikation und Commitment fördern
Prof. Dr. Rolf van Dick

Herausgeber der Reihe:
Prof. Dr. Heinz Schuler, Prof. Dr. Jörg Felfe,
Dr. Rüdiger Hossiep, Prof. Dr. Martin Kleinmann

Begründer der Reihe:
Prof. Dr. Heinz Schuler, Dr. Rüdiger Hossiep,
Prof. Dr. Martin Kleinmann, Prof. Dr. Werner Sarges

Rolf van Dick

Identifikation und Commitment fördern

2., überarbeitete und erweiterte Auflage

 hogrefe

Prof. Dr. Rolf van Dick, geb. 1967. Studium der Psychologie in Marburg. 1999 Promotion. 1995–2002 wissenschaftlicher Mitarbeiter und wissenschaftlicher Assistent am Fachbereich Psychologie der Universität Marburg. 2005–2007 Professor an der Aston Business School, Birmingham (UK). Seit 2006 Professor für Sozialpsychologie an der Goethe-Universität Frankfurt, 2009–2015 Dekan des Fachbereichs. Seit 2011 Direktor des Center for Leadership and Behavior in Organizations (CLBO).

Bibliografische Information der Deutschen Nationalbibliothek

Die Deutsche Nationalbibliothek verzeichnet diese Publikation in der Deutschen Nationalbibliografie; detaillierte bibliografische Daten sind im Internet über http://dnb.dnb.de abrufbar.

Hogrefe Verlag GmbH & Co. KG
Merkelstraße 3
37085 Göttingen
Deutschland
Tel. +49 551 999 50 0
Fax +49 551 999 50 111
verlag@hogrefe.de
www.hogrefe.de

Umschlagbild: © skynesher – iStock.com by Getty Images
Satz: Matthias Lenke, Weimar
Druck: Media-Print Informationstechnologie, Paderborn
Printed in Germany
Auf säurefreiem Papier gedruckt

Die 1. Auflage des Bandes ist unter dem Titel „Commitment und Identifikation mit Organisationen" erschienen.

2., überarbeitete und erweiterte Auflage 2017
© 2004 und 2017 Hogrefe Verlag GmbH & Co. KG, Göttingen
(E-Book-ISBN [PDF] 978-3-8409-2806-2; E-Book-ISBN [EPUB] 978-3-8444-2806-3)
ISBN 978-3-8017-2806-9
http://doi.org/10.1026/02806-000

Inhaltsverzeichnis

Karten:

Ablaufschema einer Zukunftskonferenz

Beispielfragebogen zur Erfassung der Identifikation mit Karriere, Schule und Beruf aus einer Studie mit Lehrerinnen und Lehrern

1 Identifikation und Commitment in Organisationen

Leitfragen

- Identifikation und Commitment: Was ist das?
- Was unterscheidet Identifikation von Commitment?
- Welche positiven Auswirkungen haben Identifikation und Commitment für die Mitarbeiter?
- Welchen Nutzen bringen Commitment und Identifikation der Organisation?

1.1 Einführung und Begriffe

Identifikation mit Organisationen spielt in unserem Leben eine große, vielleicht die entscheidende Rolle. Menschen sind während ihres ganzen Lebens Angehörige von Organisationen. Sie werden (in der Regel) in der Organisation Krankenhaus geboren, durchlaufen mit Kindergarten und Schule weitere Organisationen und gehören später – manchmal nach Durchlaufen anderer Organisationen wie der Universität – in den meisten Fällen für lange Zeit einer Organisation an, in der sie ihren Lebenserwerb sichern und andere Bedürfnisse befriedigen können. Dieses Buch behandelt die Frage, wie sich Mitarbeiterinnen und Mitarbeiter mit ihrer Organisation identifizieren, welche Bedingungen zu stärker oder schwächer ausgeprägter Identifikation führen und welche Auswirkungen eine niedrige oder hohe Identifikation für Individuum, Team und die Organisation haben kann. Anhand der Beispiele Unternehmensfusionen und Corporate Identity wird das Buch aufzeigen, wie Identifikation verändert und gemanagt werden kann.

Frühe Studien zu Identifikation in Organisationen

Die Frage, wie sich Identifikation im beruflichen Kontext auswirkt, wird dabei schon seit Langem erforscht und diskutiert (Brown, 1969; Lee, 1969; 1971; Hall & Schneider, 1972; Rotondi, 1975). Betrachtet man allerdings die Details dieser frühen Forschung, fällt auf, dass das Identifikationskonzept theoretisch nicht gut eingebettet ist. Vor allem aber sind die Operationalisierungen unzureichend ausgearbeitet und beziehen sich zum Teil eher auf die Erfassung von Kündigungsabsichten, Engagement bei der Arbeit oder wahrgenommener Unterstützung durch die Organisation. Aus diesem Grund erscheint die Einbettung des Identifikationskonzeptes in ein umfassendes Theoriengebäude, bestehend aus der Theorie der Sozialen Identität und der Selbstkategorisierungstheorie, fruchtbar zum Verständnis und zur Analyse organisationaler Identifikation. Es wird dargestellt,

1

wie mithilfe sozialpsychologischer Ansätze Identifikation theoretisch erklärt und empirisch bzw. praktisch untersucht und gemanagt werden kann. Dabei wird insbesondere gezeigt, welche Facetten Identifikation aufweist und dass Identifikation nicht starr und unveränderlich ist, sondern von Gruppe zu Gruppe variiert und vor allem durch den Kontext verändert werden kann.

Identifikation und Commitment

Bei der Darstellung wird auf ein verwandtes Konzept der Organisationspsychologie – das Commitment – rekurriert. Unterschiede und Gemeinsamkeiten der Konzepte Commitment und Identifikation werden diskutiert.

1.2 Definitionen

Hier soll zunächst der Versuch unternommen werden, die verschiedenen Konzepte zu definieren. Dabei wird zuerst der Begriff der organisationalen Identifikation erläutert:

Organisationale Identifikation = ganzheitliche Bindung der Mitarbeiter an die Organisation

> *Organisationale Identifikation* bezeichnet das Gefühl des Mitarbeiters bzw. der Mitarbeiterin, dass seine/ihre Persönlichkeit mit der Persönlichkeit der Organisation verschmilzt und man sich zu einem großen Teil über die Mitgliedschaft in der Organisation definiert.

Nach Ashforth und Mael (1989) hilft die organisationale Identifikation die Frage nach dem „Wer bin ich?" zu beantworten. Dies bedeutet, dass die Mitarbeiter wissen, dass sie Mitglieder einer bestimmten Organisation sind, dass sie aber mit diesem Wissen auch Gefühle (z. B. Freude oder Stolz) verbinden und sich entsprechend verhalten (z. B. die Organisation nach außen verteidigen). Nach den sozialpsychologischen Theorien der Sozialen Identität und der Selbstkategorisierung (vgl. Kapitel 2) kann sich Identifikation auf verschiedene Ziele beziehen (z. B. die Karriere, die Arbeitsgruppe, das Unternehmen) und besteht aus verschiedenen Dimensionen (kognitiven, affektiven, evaluativen und verhaltensbezogenen). Beide Aspekte – Ziele und Dimensionen – werden im Folgenden ausführlich dargestellt. Nach Mael und Ashforth (1992, vgl. auch van Knippenberg & van Schie, 2000; van Knippenberg, 2000) ist Identifikation die Grundlage für alle Einstellungen und Verhaltensweisen, die sich auf die Arbeit beziehen. Je mehr die Person sich mit der Organisation identifiziert, desto eher wird sie in ihrem Denken und Handeln die Perspektive der Organisation einnehmen und zu deren Vorteil agieren (Haslam, 2004).

Erweitertes Modell der organisationalen Identifikation

Das Konzept der Identifikation mit Organisationen wurde in den letzten Jahren noch durch weitere Aspekte, die eher problematische Gefühle gegenüber der Organisation beschreiben, ergänzt. Kreiner und Ashforth (2004) haben in ihrem „expanded model" Skalen vorgestellt, mit denen man Disidentifi-

2

kation, ambivalente sowie neutrale Identifikation messen kann. Bei der *Disidentifikation* grenzt sich der Mitarbeiter bewusst von bestimmten Aspekten seiner Organisation ab (ein Beispielitem – also eine Aussage, die man in einer Umfrage verwendet – ist „Mein Unternehmen macht beschämende Dinge"). Ein Mitarbeiter, der starke *ambivalente Identifikation* erlebt, hat gemischte und widersprüchliche Gefühle gegenüber seiner Mitgliedschaft in der Organisation, und *neutrale Identifikation* drückt aus, dass man wenig für die Organisation empfindet und die Mitgliedschaft einem gleichgültig ist. Kreiner und Ashforth (2004) selbst konnten zeigen, dass die drei problematischen Aspekte zwar wie erwartet negativ mit der „klassischen" Identifikation korrelieren (also statistisch zusammenhängen), die Zusammenhänge aber nicht so stark sind, dass es sich einfach um die andere Seite der Medaille handelt, sondern alle vier Konzepte eigenständige Anteile haben. Das erweiterte Modell ist bislang wenig in der Forschung beachtet worden, aber Schuh, van Quaquebeke, Göritz, Xin, De Cremer und van Dick (2016) konnten zum Beispiel in mehreren Studien zeigen, dass die ambivalente Identifikation von Mitarbeitern die Zusammenhänge zwischen Identifikation und organisationsrelevanten Kriterien moderiert: Hohe Identifikation sagt besonders dann die Bereitschaft der Mitarbeiter sich zu engagieren vorher, wenn sie nicht gleichzeitig von ambivalenter Identifikation begleitet ist (siehe auch Ashforth, Rogers, Pratt & Pradies, 2014).

In der organisationspsychologischen Literatur werden zwei weitere Konzepte unterschieden, die mit Identifikation assoziiert sind, nämlich Involvement und Commitment. Auf die Abgrenzung zum Involvement werde ich später noch eingehen, zunächst wollen wir uns das Konstrukt des Commitment näher ansehen.

> Organisationales *Commitment* oder synonym Organisationsbindung beschreibt, inwieweit sich Menschen ihrer Organisation oder Teilen der Organisation (z. B. der Abteilung oder Arbeitsgruppe) zugehörig und verbunden fühlen.

Commitment = Organisationsbindung

Organisationales Commitment unterscheidet sich in dieser vereinfachten Definition scheinbar kaum von der oben angeführten organisationalen Identifikation. Zum einen ist dies in einem unterschiedlichen Sprachgebrauch zwischen Sozialpsychologie und Organisationspsychologie begründet, zum anderen lassen sich die Begriffe dort trennen, wo die Komponenten normatives und fortsetzungsbezogenes Commitment eingeführt werden (siehe den folgenden Abschnitt) und das organisationale Commitment dadurch um Facetten ergänzen, die im Begriff der Identifikation nicht enthalten sind. Beide Begriffe überschneiden sich also in Teilen (nämlich in der affektiven Komponente), sie sind aber auch voneinander abgrenzbar. Dies wird im Abschnitt „Identifikation und Commitment: Unterscheidungsmerkmale" differenzierter ausgeführt.

3

Der Begriff der Organisationsbindung lässt sich nach dem zurzeit wohl prominentesten Konzept von Allen und Meyer (1990; Meyer & Allen, 1997) in drei Komponenten unterteilen (siehe auch die sehr gute Übersicht von Felfe, 2008, und den deutschsprachigen Fragebogen von Felfe & Franke, 2012). Die Begriffe werden im folgenden Kasten definiert und erläutert.

Drei Komponenten der Organisationsbindung

<table>
<tr><td>**Affektives Commitment**</td><td>– *Affektives Commitment* meint vor allem die emotionale Bindung an die Organisation: Hohes affektives Commitment bedeutet, dass die Organisation für die Person eine große persönliche Bedeutung hat, dass man sich der Organisation als „Teil einer Familie" (vgl. Meyer & Allen, 1991) zugehörig fühlt und ihr gerne weiter angehören will.</td></tr>
<tr><td>**Normatives Commitment**</td><td>– Mit *normativem Commitment* wird bezeichnet, dass sich die Person eher aus moralisch-ethischen Gefühlen heraus der Organisation verbunden fühlt, im Sinne von: „Die Firma hat meine Ausbildung bezahlt, jetzt darf ich sie nicht einfach verlassen" oder „Mein Vorgesetzter hat mich immer unterstützt, ich kann ihn nun nicht enttäuschen".</td></tr>
<tr><td>**Fortsetzungs-bezogenes Commitment**</td><td>– Unter *fortsetzungsbezogenem Commitment* versteht man schließlich die Bindung an die Organisation aufgrund von einerseits mangelnden Alternativen und andererseits von Kosten, die mit dem Verlassen der Organisation verbunden wären (durch Standortwechsel, Verlust der erreichten Position oder der entstandenen sozialen Beziehungen etc.).</td></tr>
</table>

Meyer und Allen (1991) fassen die drei Aspekte der Organisationsbindung so zusammen, dass Personen mit affektivem Commitment in der Organisation bleiben, weil sie *wollen*, Personen mit normativem Commitment, weil sie glauben, sie *sollten*, und Personen mit fortsetzungsbezogenem Commitment, weil sie *müssen*.

Die beiden Komponenten des fortsetzungsbezogenen Commitments – mangelnde Alternativen und Kosten eines Wechsels – wurden dabei in neueren Arbeiten getrennt betrachtet (siehe Meyer, Stanley, Herscovitch & Topolnytsky, 2002). Auch normatives Commitment lässt sich noch weiter unterscheiden in Gefühle der Verbundenheit aufgrund moralischer Erwägungen oder einer Verpflichtung aufgrund von Investitionen der Organisation. Diese Facetten wurden zum Beispiel in Profilanalysen betrachtet: Tritt normatives Commitment zusammen mit hohem affektivem Commitment auf, sind es vor allem moralische Gefühle des normativen Commitment, die Folgen für das Verhalten haben – tritt normatives Commitment dagegen gleichzeitig mit hohem fortsetzungsbezogenem Commitment auf, sind es eher die Gefühle der Verpflichtung, die handlungsleitend werden (Meyer, Stanley & Parfyonova, 2012). Insgesamt zeigen die Profilanalysen, dass Profile mit hohem Commitment in allen drei Facetten die positivsten Ergebnisse (z. B. im Hinblick auf Zufriedenheit und Motivation) aufweisen – wenn also fortsetzungsbezogenes Commitment zusammen mit affektivem und normativem Commitment auftritt, entfaltet es durchaus positive Wirkungen, die es allein nicht hat (Gellatly, Hunter, Currie & Irving, 2009; Markovits, Davis & van Dick, 2007).

Identifikation und Commitment: Unterscheidungsmerkmale

Unterschiede zwischen Identifikation und Commitment

Ein Problem des bisherigen Sprachgebrauchs in Wissenschaft und Praxis besteht in einer häufig zu beobachtenden Vermischung der verschiedenen, hier relevanten Begriffe: Mal wird zur Definition von organisationaler Identifikation der Begriff des (affektiven) Commitments herangezogen (z. B. Ouwerkerk et al., 1999), umgekehrt wird häufig Commitment definiert, indem Identifikation als Komponente von Commitment in die Definition aufgenommen wird (z. B. Porter, Steers, Mowday & Boulian, 1974; Allen & Meyer, 1990). Und schließlich werden die Begriffe manchmal auch synonym verwendet. Auch Stengel (1987) kann seinen Versuch der Differenzierung zwischen Identifikation und Commitment nur so zusammenfassen, dass die Unterschiede innerhalb der Definitionen eines Konzeptes zum Teil größer sind als zwischen den Konzepten.

Zwischen den Konzepten gibt es in der Tat einige konzeptuelle Überschneidungen, und Befunde über Prädiktoren oder Konsequenzen können zum Teil auch von einem auf das jeweils andere Konzept übertragen werden. So sind Commitment und Arbeitszufriedenheit korreliert, ebenso Identifikation und Arbeitszufriedenheit. Allerdings sollte man nicht ohne genaue Kenntnis der jeweils verwendeten Konzepte und der darauf aufbauenden und in den Studien verwendeten Messverfahren von Zusammenhängen zwischen z. B. Konsequenzen und dem einen Konzept darauf schließen, dass die gleichen Zusammenhänge auch für das jeweils andere Konzept gelten.

Drei theoretisch-konzeptuelle Gründe sprechen im Wesentlichen dafür, dass Commitment und Identifikation als zwar miteinander verbundene, aber dennoch distinkte Einstellungen im Bereich der Arbeitswelt verstanden werden können. Bevor diese Gründe näher beschrieben werden, soll allerdings betont werden, dass die Gemeinsamkeiten zwischen den Konzepten – vor allem zwischen affektiver Identifikation und affektivem Commitment – relativ groß sind (vgl. Riketta & van Dick, 2009). Die Trennung ist zum Teil eher willkürlich und entspringt den unterschiedlichen Traditionen der sie behandelnden Disziplinen der Organisations- bzw. Sozialpsychologie. Hervorzuheben ist aber, dass die Sozialpsychologie mit dem Theoriengebäude aus der Theorie der Sozialen Identität und der Selbstkategorisierungstheorie (siehe Abschnitt 2.1) in der Lage ist, das Identifikationskonzept mit allen Facetten theoretisch abzuleiten und daraus ebenfalls theoretisch fundierte Vorhersagen zu Ursachen und Auswirkungen von Identifikation zu machen.

- *1) Kognitiver Aspekt der Identifikation*

Nach van Knippenberg (2000) ist der kognitive Aspekt der Identifikation entscheidend für die Abgrenzung zum Begriff des Commitment, der stärker den affektiven Aspekt betont. Commitment bezeichnet eher eine affektive, also gefühlsmäßige, Einstellung gegenüber der Arbeitsgruppe oder der Organisation. Im Gegensatz dazu bezeichnet der Begriff der Identifikation vor allem, wie sehr sich jemand selbst – als Person – dadurch *definiert*, dass er Mitglied einer bestimmten Organisation ist. Identifikation trägt somit zur Beantwortung der Frage „Wer bin ich?" bei und stellt das Ausmaß dar, inwieweit die Tatsache, Angehöriger der Firma Meier zu sein, sich im Selbstkonzept bzw. in der Persönlichkeit eines Menschen widerspiegelt. Dieser selbst-definitorische Aspekt ist im Konzept des Commitment nicht enthalten. Wie noch gezeigt werden wird, enthält Identifikation über die kognitive Dimension hinaus allerdings auch andere Facetten, nämlich evaluative, affektive und behaviorale Dimensionen. Im Bereich der affektiven Identifikation gibt es dann die deutlichste Überlappung zum affektiven Commitment.

Neben den unterschiedlichen Dimensionen gibt es aber noch zwei weitere Gründe, Identifikation separat vom Commitment-Konzept zu betrachten.

- *2) Entwicklung von Identifikation und Commitment*

Zunächst entwickeln sich Identifikation und Commitment aufgrund unterschiedlicher Faktoren. Identifikation beruht vor allem auf wahrgenommener Ähnlichkeit, geteilten Werten und Normen zwischen den Mitgliedern der jeweiligen Gruppen, während Commitment sich eher auf Grundlage von zwei Faktoren entwickelt. Einen dieser Faktoren stellen all die Merkmale dar, die einen Job als interessant und wertvoll erscheinen lassen, wie die Vielfältigkeit der Tätigkeit an sich, ein gutes Betriebsklima usw. Ein zweiter Bereich basiert auf austauschtheoretischen Grundlagen: Die Organisation versorgt den Mitarbeiter mit bestimmten Gütern, deshalb verbleibt er oder sie gerne in dieser Organisation. Anders ausgedrückt: Meine Firma gibt mir bestimmte Dinge (Gehalt, Dienstwagen, Erfüllung durch die Arbeit) in ausreichendem Ausmaß, deshalb bin ich gerne Angehöriger genau dieses Unternehmens und möchte es auch bleiben. Dieser – materielle, aber auch immaterielle – Austausch ist für die Entwicklung von Identifikation hingegen nicht notwendig (siehe Tavares, van Knippenberg & van Dick, 2016).

- *3) Commitment ist relativ stabil, Identifikation stark kontextabhängig und sehr flexibel*

Schließlich: Hat sich Commitment einmal entwickelt, ist also die positive Einstellung gegenüber der Organisation gebildet und gefestigt, kann man sie als relativ überdauernd annehmen. Selbst in Fällen, in denen z.B. durch

6

Downsizing oder Fusionsprozesse das Commitment sinkt, geschieht dies nicht von einem Tag auf den anderen, sondern verläuft graduell. Ebenso ist es schwierig, sinkendes Commitment *schnell* wieder in steigende Bindung zu verändern – entsprechende Maßnahmen werden höchstens mittelfristig Effekte zeigen. Im Gegensatz dazu sind die Auswirkungen der Identifikation – abhängig von der Situation und dem Wandel des Kontextes – unmittelbar veränderbar. Zu einem Zeitpunkt X während des Arbeitstages mag die Mitgliedschaft in einem bestimmten Team keine Rolle spielen, weil jedes Teammitglied seinen alltäglichen Aufgaben nachgeht. Jetzt stelle man sich vor, der Teamleiter erklärt, dass es ab sofort eine Zulage gibt, wenn die Leistung des Teams über der Leistung einer vergleichbaren anderen Arbeitsgruppe liegt. Dies sollte nach der Selbstkategorisierungstheorie, die in Abschnitt 2.1 ausführlich dargestellt wird, unmittelbar dazu führen, dass die eigene Arbeitsgruppe bedeutsamer wird. Dies wiederum führt dazu, dass die Mitarbeiter sich stärker mit dieser bestimmten Gruppe identifizieren. Dadurch werden in diesem Moment die an die Identität des Teams gebundenen Normen handlungsweisend für die Mitarbeiter und nicht mehr die Normen der Organisation. Weiter würde die Theorie vorhersagen, dass man sich in solchen Wettbewerbssituationen auch stärker engagiert, um besser zu sein als „die anderen". In gleicher Weise mag die Mitgliedschaft in einer bestimmten Organisation erst dann zu verstärkter Identifikation und verstärktem Engagement für diese Organisation führen, wenn eine andere Organisation als Konkurrent um einen bestimmten Auftrag auftritt und man dadurch die eigene Identität bedroht sieht. Diese Prozesse sind schnell und laufen automatisch ab, sie sind psychologisch gesehen unvermeidbar.

Stellen wir uns zur Illustration abschließend noch eine Gruppe von Kollegen bei der Frühstückspause vor. In diesem Moment spielen andere mögliche Gruppenzugehörigkeiten vermutlich keine große Rolle, kommt aber im Radio ein Bericht über eine bestimmte Fußballmannschaft, werden von einer Sekunde zur anderen mögliche Vereinssympathien relevant und es wird wichtig, mit welchem Verein man sympathisiert. Möglicherweise gerät man darüber sogar in Streit und die gemeinsame Gruppenmitgliedschaft (in der Firma oder Abteilung) spielt nur noch eine untergeordnete Rolle. In dem Moment, in dem ein Mitglied einer anderen Abteilung den Raum betritt, kann aber sofort wieder das gemeinsame Gefühl der Zugehörigkeit zur Abteilung X relevant werden und man vergisst den Streit über verschiedene Fußballmannschaften.

Neben diesen theoretischen Argumenten für eine Unterscheidung zwischen Identifikation und Commitment gibt es auch einige empirische Belege dafür, dass die Konzepte getrennt werden können. Van Knippenberg und Sleebos (2006) haben eine Studie mit 200 Mitarbeitern einer Universität durchgeführt, in der den Befragten Skalen sowohl zur Erfassung von Commitment als auch von Identifikation vorgelegt wurden.

Empirische Befunde zur Distinktheit von Identifikation und Commitment

Die Autoren berechneten dann *konfirmatorische Faktorenanalysen.* Das sind Analysen, bei denen vorher festgelegt wird, welche der Aussagen, die den Befragten vorgegeben werden, zu welchen Faktoren gehören sollten. Dann kann man anhand verschiedener Indices vergleichen, ob eher die theoretische Struktur (also in diesem Fall zwei getrennte Faktoren für Identifikation bzw. Commitment) oder alternative Strukturen (z. B. nur ein Faktor für alle Aussagen) anhand der vorliegenden Daten besser „passen". In den Daten von van Knippenberg und Sleebos (2006) hat sich die zweifaktorielle Struktur als angemessener erwiesen. Obwohl Commitment und Identifikation relativ hoch miteinander zusammenhängen ($r = .67$), ist also die Trennung in unterschiedliche Faktoren sinnvoll. Ich werde später noch auf eigene Studien eingehen, in denen meine Kollegen und ich die Trennung der Konzepte ebenfalls belegen konnten (Gautam, van Dick & Wagner, 2004; vgl. Abschnitt 2.4.3). In der Überlappung zwischen Identifikation und affektivem Commitment spiegelt sich die Tatsache wider, dass die Messung der Konzepte, d. h. die Fragen in den Fragebögen, sich zwar überschneiden, aufgrund der unterschiedlichen theoretischen Fundierung aber beide Konzepte sinnvoll sein können, weil sie eben empirisch nicht identisch sind.

Weiter unten (vgl. Abschnitt 2.2) werden weitere theoretische Modelle vorgestellt, die die Konzepte Identifikation und Commitment integrieren.

1.3   Abgrenzung von anderen Begriffen

Involvement, Work Involvement, Job Involvement

In der organisationspsychologischen Literatur hat das Konzept des Involvements eine lange Forschungstradition.

> *Involvement* ist entweder auf die konkrete Tätigkeit (Job Involvement) oder die Arbeit an sich (Work Involvement) bezogen und beschreibt das Ausmaß, in dem sich eine Person mit ihrer Tätigkeit (bzw. Arbeit) identifiziert und inwieweit sie für die Person von zentraler Bedeutung ist (siehe Kanungo, 1982). Nach Moser (1996) bedeutet Work Involvement dabei „Arbeit als zentrales Lebensinteresse", während Job Involvement eher „Anstrengungsbereitschaft" bezogen auf die konkrete Tätigkeit bezeichnet.

In der Definition des Begriffes kommt also bereits das Wort Identifikation vor. Allerdings ist das Ziel der Identifikation nicht die soziale Gruppe (Team, Organisation usw.), sondern die eigentliche Tätigkeit. Es geht nicht um die wahrgenommene Überlappung zwischen Person und Organisation, sondern um die Bedeutsamkeit der Arbeit. Dies kommt auch in typischen Aussa-

gen, die in Fragebögen zur Messung von Involvement verwendet werden, zum Ausdruck. Die häufig verwendete Skala von Kanungo (1982) enthält 10 Items. Beispiele sind (Übersetzung des Verfassers):
- „Die wichtigsten Dinge in meinem Leben geschehen in meiner Arbeit",
- „Ich lebe und atme für meinen Job",
- „Die meisten meiner Interessen konzentrieren sich auf meine Arbeit",
- „Ich bin durch meine Arbeit gerne absorbiert von anderen Dingen",
- „Für mich ist meine Arbeit nur ein kleiner Teil meiner Persönlichkeit" (wird bei der Auswertung rekodiert/umgepolt).

Aussagen wie diese könnte z. B. ein Lehrer in Bezug auf seine Tätigkeit an sich (Unterricht vorbereiten, vor der Klasse stehen, Aufgaben konzipieren und korrigieren usw.) stark positiv beantworten, aber sich dennoch nicht mit seiner Schule und seinen Kollegen identifizieren, z. B. weil diese nicht die gleichen Werte teilen. Der Lehrer könnte also versuchen, sich an anderen Schulen zu bewerben, würde aber nicht den Beruf wechseln wollen. Umgekehrt kann man sich vorstellen, dass sich eine Angestellte stark mit ihrem Team identifiziert, weil sie wahrnimmt, dass alle am gleichen Strang ziehen und jeder die gleichen Normen vertritt. Die eigentliche Tätigkeit mag sie aber eintönig und wenig bedeutsam erleben. Diese Angestellte identifiziert sich stark mit dem Team und wird es daher vermutlich nicht verlassen wollen, selbst wenn sie nur ein geringes Involvement verspürt und alternative Angebote hätte.

Empirisch gibt es zwischen den Konzepten allerdings wieder starke Überlappungen. So finden Cooper-Hakim und Viswesvaran (2005) in ihrer *Metaanalyse* (zur Definition des Begriffs siehe S. 16) Zusammenhänge von .50 zwischen Involvement und affektivem Commitment und von .52 zwischen Involvement und normativem Commitment; lediglich mit fortsetzungsbezogenem Commitment korreliert Involvement nur gering (.15). Auch für die Beziehung zwischen organisationaler Identifikation und Involvement konnte Riketta (2005) in seiner Metaanalyse einen engen Zusammenhang von .61 feststellen. Allerdings sei betont, dass selbst eine Korrelation von .60 lediglich eine geteilte Varianz von 36 Prozent zwischen den Konstrukten bedeutet - es also trotz aller Überschneidungen noch Unterschiede gibt.

In der sozialpsychologischen Literatur wird schließlich noch der Begriff der Gruppenkohäsion verwendet.

Gruppen-kohäsion

Gruppenkohäsion drückt aus, wie sehr die Gruppe sich als Einheit wahrnimmt, einen starken Teamgeist erlebt und vor allem, wie stark sich die einzelnen Gruppenmitglieder zueinander hingezogen fühlen (Hogg & Vaughan, 2014).

9

Gemessen wird Gruppenkohäsion meist dadurch, dass alle Mitglieder der Gruppe jedes andere Mitglied bewerten (z. B. mit der Frage: „In welchem Ausmaß würdest Du mit der jeweiligen Person gerne zusammenarbeiten"). Die individuellen Antworten werden dann aufsummiert. Eine Gruppe mit hoher Kohäsion ist eine, in der alle einzelnen Mitglieder sich in starkem Maße sympathisch sind, voneinander angezogen fühlen etc. Empirisch ist Kohäsion durchaus mit relevanten Variablen wie der Gruppenleistung assoziiert. Allerdings hat Kohäsion wenig mit dem eigentlichen Verständnis von Identifikation zu tun (Hogg, 1993). Gruppenmitglieder können sich zwar zu einzelnen Mitgliedern auf einer jeweils persönlichen Ebene hingezogen fühlen und sich gut mit ihnen verstehen, ohne aber die Normen der Gruppe zu verinnerlichen. Dies kommt z. B. dann zum Ausdruck, wenn sich Arbeitskollegen untereinander verstehen und vielleicht sogar die Freizeit zusammen verbringen, dabei aber immer auf den Chef und die Regeln schimpfen und sich gegenseitig dabei ermuntern, diese zu missachten.

1.4 Bedeutung für das Personalmanagement

Organisations-bindung in der modernen Arbeitswelt

In Zeiten permanenten organisationalen Wandels stellt sich die Frage, ob Identifikation und Organisationsbindung tatsächlich relevant für Mitarbeiter, Vorgesetzte und Unternehmen sind. Womit identifiziert sich der Mitarbeiter eines global tätigen Unternehmens, das durch keinen sichtbaren Firmengründer oder Eigentümer nach außen in Erscheinung tritt, das nicht ein einzigartiges Produkt herstellt oder das nicht mit einem bestimmten Standort verbunden ist? Und ist Identifikation für den Mitarbeiter, der einen Großteil seiner Arbeitszeit zu Hause verbringt (z. B. als Telearbeiter) oder der als Angehöriger eines globalen Konzerns von Standort zu Standort wechselt, überhaupt relevant? Identifiziert sich der Mitarbeiter einer Zeitarbeitsfirma mit dem Entleiher oder dem Verleiher? Oder, um ein anderes Beispiel zu nennen: Womit identifiziert sich der Call-Center-Agent eines outgesourcten Call-Centers, der z. B. für unterschiedliche Produkte „fremder" Organisationen wirbt und das möglicherweise von Woche zu Woche für ein anderes Produkt oder eine andere Organisation? Kann ein Mitarbeiter, dessen „alte" Firma gerade durch einen Konkurrenten akquiriert wurde und der dabei vielleicht erleben musste, dass viele ehemalige Kollegen und Vorgesetzte ihren Arbeitsplatz verloren haben, sich überhaupt mit dem neuen Unternehmen identifizieren, das heißt sich selbst als Teil der neuen Organisation begreifen?

Identifikation ist besonders wichtig in Zeiten des Wandels

Gerade in Zeiten des Wandels und in den Bereichen, die häufigen Wechseln unterliegen, ist es besonders wichtig, Mitarbeiter bei der Identifikation zu unterstützen. Meyer und Allen (1997) sowie Pratt (2000) führen eine Reihe

10

von Gründen an, warum Commitment und Identifikation trotz oder gerade wegen der beschriebenen Bedingungen relevant sind:

- Erstens verschwinden Organisationen nicht dadurch, dass sie schlanker, globaler oder diversifizierter werden. Es muss – auch in diesen sich verändernden Organisationen – einen Stamm von Mitarbeitern geben, der die Organisation *ist*. Eine rein virtuelle Organisation ist nicht denkbar.
- Für diesen Stamm von dauerhaften festen Mitarbeitern, aber auch für temporäre oder freie Mitarbeiter, ist die Bindung an ihre Organisation enorm wichtig.

Interessant in diesem Zusammenhang sind Studien, die zeigen, dass befristet beschäftigte Mitarbeiter nicht unbedingt eine geringere Organisationsbindung als dauerhaft Beschäftigte haben und dass die Zusammenhänge zwischen Commitment und Extra-Rollenverhalten für temporär Beschäftigte sogar stärker ausgeprägt sind als bei dauerhaft Beschäftigten. Van Dyne und Ang (1998) untersuchten zum Beispiel Commitment und Organizational Citizenship Behavior an 155 Mitarbeitern einer Bank und einer Klinik in Singapur, von denen 110 Mitarbeiter regulär beschäftigt waren und 45 Mitarbeiter (29 %) Zeitverträge hatten.

Unter *Organizational Citizenship Behavior* (OCB; vgl. Organ, 1997) versteht man Verhaltensweisen,
- die freiwillig gezeigt werden,
- die von der Organisation nicht direkt belohnt werden oder deren Ausbleiben nicht direkt bestraft wird,
- die über das im Arbeitsvertrag geforderte Maß hinausgehen und
- die der Organisation langfristig dienen.

Organizational Citizenship Behavior (OCB) = besonderes Engagement

Organ, Podsakoff und MacKenzie (2006) haben diese Definition später vereinfacht, indem sie die Belohnungskomponente aus der Definition herausnahmen. OCB ist demnach also alles freiwillig gezeigte Verhalten eines Mitarbeiters, das gut für die Organisation ist. Beispiele für solche Verhaltensweisen sind besondere Pünktlichkeit, Pflichtbewusstsein, die Bereitschaft zusätzliche Aufgaben zu erledigen, Unkompliziertheit oder Hilfsbereitschaft gegenüber Kollegen (siehe Staufenbiel & Hartz, 2000, für eine deutschsprachige Skala zur Messung dieser Facetten).

OCB wird häufig auch als *Extra-Rollenverhalten* (oder „extra-role performance") bezeichnet im Gegensatz zu der im Arbeitsvertrag geforderten Arbeitsleistung, der „in-role performance". Die Begriffe OCB, extra-role performance oder Extra-Rollenverhalten werden im Folgenden synonym verwendet.

Zunächst äußerten in der Studie von van Dyne und Ang (1998) befristet Beschäftigte erwartungsgemäß im Durchschnitt sowohl geringeres Commitment als auch geringeres OCB im Vergleich zu dauerhaft Beschäftigten. Allerdings war der Zusammenhang zwischen Commitment und OCB bei den befristet angestellten Mitarbeitern deutlich höher ausgeprägt als bei dauerhaft Beschäftigten. Dies bedeutet, dass bei temporär Beschäftigten die Organisationsbindung eine besonders wichtige Variable darstellt: Vor allem diejenigen setzen sich für ihre Organisation ein, die sich ihr verbunden fühlen, auch wenn dies nicht durch langfristige Arbeitsverhältnisse begründet ist.

Weitere Gründe für die Relevanz von Identifikation in der modernen Arbeitswelt sind:
- Wenn Hierarchien flacher werden, sind die Mitarbeiter stärker selbst für ihr eigenes Handeln verantwortlich. Mitarbeiter, die sich mit ihren Organisationen identifizieren, werden diese Freiräume weniger zugunsten persönlicher Interessen ausnutzen, sondern sich stärker im Sinne der Organisation engagieren.
- Mitarbeiter, die in sich verändernden Organisationen tätig sind, benötigen häufig anspruchsvollere Kenntnisse und Fertigkeiten. Die Organisationen investieren in die Rekrutierung von Mitarbeitern, die diese Fertigkeiten besitzen, oder sie investieren in die Personalentwicklung der vorhandenen Mitarbeiter. Damit sich diese Investitionen auszahlen, ist es für die Organisation sinnvoll, die einmal gewonnenen und ausgebildeten Mitarbeiter möglichst lange zu halten. Identifikation und Commitment aufseiten der Mitarbeiter sind wichtige Determinanten für langfristigen Verbleib in der Organisation.
- Wenn Organisationen Teile ihrer Aufgaben an freie Mitarbeiter oder Subunternehmen vergeben, sind sie trotzdem daran interessiert, dass diese Aufgaben qualitativ gut ausgeführt werden. Auch wenn von den ausführenden Mitarbeitern keine Identifikation mit der vergebenden Organisation erwartet werden kann, ist ein Commitment und Involvement bezüglich der zu erledigenden konkreten Aufgaben nötig.
- Schließlich ist Identifikation ein ganz natürliches Phänomen. Jeder Mensch gehört bestimmten Gruppen an und die Identifikation mit diesen Gruppen befriedigt bestimmte Bedürfnisse des Individuums. Wenn sich Organisationen nicht aktiv um die Identifikation ihrer Angehörigen bemühen, richtet sich die Identifikation der Mitarbeiter möglicherweise auf andere Ziele, die nicht immer im Sinne der Organisation sind. So könnte z. B. ein Bankangestellter, der sich nicht mit seiner Bank identifiziert, sein Hauptidentifikationsziel in seiner Berufsgruppe suchen und finden, und dies kann dann zum Beispiel zu verstärktem Engagement in Gewerkschaftsverbänden etc. führen.

Das Personalmanagement ist aus diesen Gründen in vielfältiger Weise aufgefordert, durch geeignete Maßnahmen Unterstützung für die Ausbildung und Aufrechterhaltung organisationaler Identifikation zu leisten. Wie Identität und Identifikation zu gestalten und zu managen ist, wird in den Kapiteln 3 bis 5 eingehend diskutiert. Einige Anknüpfungspunkte seien an dieser Stelle vorweggenommen (siehe Kasten).

Strategien zur Ausbildung und Aufrechterhaltung organisationaler Identifikation	
Personalrekrutierung	
Bereits durch transparente Methoden der Mitarbeiterrekrutierung (z. B. durch „ehrliche" Stellenanzeigen und durch faire Prozeduren bei der Bewerberbeurteilung und der tatsächlichen Einstellung) kann verhindert werden, dass der potenzielle neue Mitarbeiter ein Bild des Unternehmens gewinnt, das sich im Anschluss nicht bestätigt und das eine Identifikation erschwert. Diese Strategie wird als *Realistic Job Preview* bezeichnet und hat sich als erfolgreiches Vorgehen erwiesen.	Realistic Job Previews
Personalführung	
Durch faire, transparente und partizipative Methoden der Mitarbeiterführung wird der Mitarbeiter Teil der Entscheidungsstrukturen, was zu verstärkter Bindung an die Ziele der Organisation führt. Klein, Brinsfield, Cooper und Molloy (2016) haben kürzlich 1.000 Mitarbeiter verschiedener Branchen dazu befragt, welchen Zielen sie sich *nicht* mehr verbunden fühlen würden und warum. Sie fanden, dass diejenigen, die sich nicht mehr mit ihren Organisationen verbunden fühlten, schlechte Führung als häufigsten Grund für den Verlust des Commitments angaben.	Fairness, Transparenz, Partizipation
Personalentwicklung	
Mitarbeiter, die sich innerhalb der Organisation weiterentwickeln können, bleiben ihr eher treu und fühlen sich ihr auch eher verbunden.	Personalentwicklung
Outplacement	
Wenn Mitarbeiter aus betriebsbedingten Gründen (oder auch aus Altersgründen) ausscheiden (müssen), ist es für die Identifikation der verbleibenden Mitarbeiter von großer Bedeutung, wie das Outplacement gehandhabt wird (vgl. Lohaus, 2010). Hier sind unfaire, intransparente Methoden sicherlich eher geeignet, Identifikation zu verhindern bzw. zu reduzieren.	Outplacement

1.5 Betrieblicher Nutzen

1.5.1 Funktion und Nutzen der Identifikation für den Mitarbeiter

Identifikation hat positive Auswirkungen sowohl für die einzelnen Individuen als auch für die Organisation. Wie später noch ausführlicher dargestellt wird, erleben Mitarbeiter, die sich stärker mit ihrer Organisation identifizieren, in der Regel weniger Stress bei der Arbeit und durch diese, sie fühlen sich gesünder und sind zufriedener (für eine Übersicht siehe van Dick, 2015a). Für Commitment und Identifikation konnte zudem gezeigt werden, dass es Zusammenhänge in dem Sinne gibt, dass Mitarbeiter, die sich der Organisation verpflichtet fühlen, auch mehr leisten (vgl. Meyer & Allen, 1997). Bei der folgenden Diskussion positiver Aspekte von Identifikation soll allerdings nicht unerwähnt bleiben, dass (zu starke) Identifikation auch negative Folgen haben kann. Auf diese negativen Aspekte gehe ich in Abschnitt 2.5 im Detail ein.

Wie in Kapitel 2 ausführlich erläutert werden wird, besteht der Nutzen der Identifikationssteigerung durch geeignete Maßnahmen für das Unternehmen aber nicht nur darin, dass der einzelne Mitarbeiter sich wohlfühlt. Der Grad der Mitarbeiteridentifikation lässt sich auch an betriebswirtschaftlich relevanten Daten ablesen. Dass Identifikation aber vor allem dem Mitarbeiter in Form größerer Zufriedenheit und besserer Gesundheit zugutekommt, erklärt sich daraus, dass Identifikation bei der Befriedigung von Bedürfnissen des Individuums eine wesentliche Rolle spielt. Pratt (1998) diskutiert vier solcher Bedürfnisse im Zusammenhang mit organisationaler Identifikation (siehe Kasten).

Identifikation befriedigt menschliche Grundbedürfnisse

Bedürfnisse im Zusammenhang mit organisationaler Identifikation

1. Identifikation und das Bedürfnis nach Sicherheit

Identifikation reduziert Unsicherheit

Menschen haben, wie alle Lebewesen, ein Bedürfnis nach Sicherheit und das Bestreben, Gefühle von Verletzlichkeit zu vermeiden und Unsicherheit zu reduzieren. Einen Teil der Sicherheitsbedürfnisse können die jeweiligen Gruppen, denen man angehört, befriedigen. Externe Bedrohung durch andere Gruppen erhöht daher die Identifikation, aber auch Veränderungen innerhalb einer Organisation können eine Steigerung der Identifikation zur Folge haben. Pratt bezeichnet diese Form der Identifikationssteigerung als Strategie, die hilft, Unsicherheit zu reduzieren. Solche Phänomene wurden bei Mergern und Akquisitionen und, im Extremfall, bei Geiselnahmen beobachtet. Der Befund, dass sich Geiseln zum Teil stark mit ihren Geiselnehmern identifizieren, wird als Stockholm-Syndrom bezeichnet.

14

2. Identifikation und das Bedürfnis nach Zugehörigkeit

Ein anderes wichtiges Bedürfnis, das alle Menschen haben, ist dasjenige, nicht isoliert leben zu wollen, sondern sich bestimmten anderen Menschen oder Gruppen zugehörig zu fühlen. Identifikation ist eine gute Möglichkeit, Gefühle von Vereinzelung und Isolation zu reduzieren.

Identifikation reduziert Isolation

3. Identifikation und das Bedürfnis nach Selbstaufwertung

Eine Basisannahme der Theorie der Sozialen Identität (siehe Abschnitt 2.1) ist, dass Menschen ein Bedürfnis nach positivem Selbstwert haben. Weil ein Teil des Selbstwertes aus sozialen Interaktionen (gegenseitiger Bestätigung, Lob, dem Gefühl einer Gruppe anzugehören, die in bestimmten Bereichen besser ist als andere Gruppen usw.) resultiert, kann die Identifikation mit sozialen Einheiten zur Selbstwertsteigerung beitragen. Corporate Identities von Organisationen, mit denen man sich identifiziert, tragen ebenfalls zur Erhöhung des Selbstwertes bei, wenn das Image der Organisation mit Status und Prestige verbunden ist.

Identifikation dient dem Selbstwert

4. Identifikation und das Bedürfnis nach Ganzheitlichkeit

Menschen erleben heutzutage vielerlei Umbrüche, wie Organizational Change, sich rapide verändernde Märkte, Globalisierung, Spannungen zwischen familiären und beruflichen Anforderungen usw. Aufgrund dieser Veränderungen erleben viele ihr Leben und ihre Umwelt als fragmentiert und bedeutungsloser als Menschen in früheren Zeiten. Daraus resultiert die Suche nach Bedeutung und Struktur, was als Bedürfnis nach Ganzheitlichkeit bezeichnet werden kann. Organisationen, die zum Beispiel ganzheitliche Unternehmensstrategien kommunizieren, ein konsistentes Image nach innen und außen verkörpern oder eine einheitliche Organisationskultur entwickeln, können ihren Mitarbeitern bei der Sinnfindung helfen. Identifikation mit diesen Organisationen dient also zum Teil der Befriedigung des Bedürfnisses nach Ganzheitlichkeit.

Identifikation trägt zur Sinnfindung bei

1.5.2 Nutzen für die Organisation

Vor allem im Bereich des Commitment liegt seit Jahrzehnten umfangreiche Forschung vor (siehe zusammenfassend Meyer et al., 2002; Meyer & Allen, 1997; Felfe, 2008). Auch mithilfe von Metaanalysen wurden Zusammenhänge zwischen Commitment einerseits sowie Leistung und berufsbezogenen Einstellungen andererseits ermittelt (z. B. Mathieu & Zajac, 1990; Riketta, 2002).

Metaanalyse

> Die *Metaanalyse* ist ein Verfahren, das die Forschung zu einem bestimmten Bereich zusammenfassend analysiert und dabei auch Trends über längere Zeiträume oder für verschiedene Bedingungen ermitteln kann.

Damit wurde eindrucksvoll belegt (vgl. Mathieu & Zajac, 1990; Meyer & Allen, 1997; van Dick, 2001), dass Mitarbeiter, die sich ihrer Organisation affektiv verbunden fühlen,
– weniger häufig fehlen,
– seltener (unerwünscht) das Unternehmen wechseln,
– produktiver sind und
– sich stärker für Team und Unternehmen engagieren.

Commitment und Leistung Die Forschung hat sich vor allem mit dem Bereich von Produktivität und Arbeitsleistung beschäftigt. In zahlreichen Studien konnte nachgewiesen werden, dass sich Mitarbeiter mit höherem affektiven Commitment mehr anstrengen und mehr leisten als Mitarbeiter mit geringerem Commitment (Meyer et al., 2002). Dies gilt sowohl für Studien, die selbstberichtete Anstrengung und Leistung als Kriterium verwendet haben (Baugh & Roberts, 1994; Bycio et al., 1995; Darden et al., 1989; Ingram et al., 1989; Johnston & Snizek, 1991; Leong et al., 1994; Meyer et al., 1993; Randall et al., 1990; Sager & Johnston, 1989; Saks, 1995), für Studien, die Vorgesetztenbeurteilungen benutzten (Kim & Mauborgne, 1993; Nouri, 1994) als auch in Untersuchungen, die objektive Indikatoren herangezogen haben, wie zum Beispiel Verkaufszahlen (Barshaw & Grant, 1994). Riketta (2008) konnte zudem metaanalytisch zeigen, dass der in längsschnittlichen Studien ermittelte Effekt von Commitment auf die Leistung stärker ist als der umgekehrte Effekt (der nicht signifikant war) – es ist also tatsächlich das Commitment, das die Leistung beeinflusst und nicht umgekehrt.

Mit Mehrebenenanalysen konnte zusätzlich gezeigt werden, dass Commitment auch auf Gruppen- bzw. Organisationsebene mit höherer Produktivität verbunden ist, d. h., dass Organisationen, deren Mitarbeiter im Durchschnitt höheres Commitment zeigen, auch produktiver sind als Organisationen mit niedriger ausgeprägtem Commitment bei den Angestellten (Angle & Perry, 1981; Mowday et al., 1982; Ostroff, 1992; Porter et al., 1974). Alle diese Zusammenhänge gelten vor allem für das affektive Commitment. Für den Bereich des normativen Commitments wurden ähnliche Zusammenhänge ermittelt, allerdings waren diese von der Größenordnung in der Regel schwächer als für affektives Commitment. Für fortsetzungsbezogenes Commitment wurde ein konsistenter Zusammenhang zu geringerer Fluktuation gefunden, nicht jedoch zu anderen Merkmalen (vgl. Meyer et al., 2002).

Identifikation und Ziele Das Interessante an organisationaler Identifikation im Vergleich zu Commitment ist, dass sich größere Produktivität und stärkeres Engagement daraus ergeben, dass Mitarbeiter, die sich stark mit ihrer Organisation identi-

16

fizieren, die Werte und Ziele der Organisation verinnerlicht haben und sie dadurch zu internalisierten Zielen geworden sind. Diese Mitarbeiter werden auch dann zur Zielerreichung alles tun, was ihnen möglich ist, wenn sie nicht unter formaler Kontrolle durch Vorgesetzte stehen (vgl. Pratt, 2000; van Knippenberg, 2000). Dagegen arbeiten Mitarbeiter, die starkes Commitment haben, zwar ebenfalls mehr für die Organisation, dies ist aber nicht in gleichem Maße intrinsisch motiviert, sondern beruht, wie bereits erläutert, stärker auf Gefühlen der Reziprozität und ist daher auch anfälliger für Störungen. In einer Reihe von Studien konnten in der Tat Zusammenhänge zwischen Identifikation und Leistung gefunden werden, dies gilt besonders für den Zusammenhang zwischen Identifikation und OCB (van Dick, Grojean et al., 2006). In seiner Metaanalyse konnte Riketta (2005) einen durchschnittlichen Zusammenhang zwischen Identifikation und OCB von .35 ermitteln, während der Zusammenhang für „in-role performance" mit .17 zwar signifikant, aber nur halb so stark ausgeprägt war. In einer aktuelleren Metaanalyse konnten Lee et al. (2015) diesen Zusammenhang noch etwas detaillierter untersuchen und fanden Zusammenhänge zwischen Identifikation und a) objektiven Leistungsdaten von .09, b) Leistungsbeurteilungen durch Kollegen bzw. Vorgesetzte von .18 und c) selbstberichteter Leistung von .27.

Wieseke, Ahearne, Lam und van Dick (2009) untersuchten die Identifikation von über 3.000 Reisebürokaufleuten mit ihren Reisebüros und fanden eine signifikante Korrelation mit dem Umsatz der Reisebüros (ermittelt als Verkaufszahlen pro Angestellten). Van Dick et al. (2006, Studie 4) fanden – ebenfalls in einer Stichprobe von Reisebürokaufleuten – zwar keinen direkten Zusammenhang zwischen Identifikation und Umsatz, aber einen indirekten Zusammenhang über das OCB: Reisebürokaufleute, die sich stärker mit den Reisebüros identifizieren, zeigen also mehr OCB und dieses führt dann tatsächlich zu finanziellem Erfolg. In dieser Studie wurden außerdem sogenannte „mystery shopper" eingesetzt, also Testkäufer, die die Reisebüros aufsuchten, standardisiert nach den gleichen Produkten fragten und nach dem Verlassen der Büros die Qualität der Beratung einschätzten. In Reisebüros mit stärker identifizierten Mitarbeitern hatte auch hier deren stärkeres OCB einen positiven Effekt auf die von den Testkäufern eingeschätzte Servicequalität.

In der Summe zeigen sich also positive Auswirkungen sowohl von Commitment als auch Identifikation für betrieblich relevante Faktoren wie „in-role"- und „extra-role"-Leistung von Mitarbeitern, die sich dann auch auf objektive Indikatoren des Unternehmenserfolgs niederschlagen.

2 Theorien und Modelle

Leitfragen
- Welche Facetten von Identifikation und Commitment lassen sich unterscheiden?
- Welche Rolle spielt Identifikation im Kontext von Unternehmensfusionen?
- Was hat die Forschung in Feld und Labor ergeben?
- Gibt es auch negative Auswirkungen von (zu) hoher Identifikation?

2.1 Ein sozialpsychologischer Ansatz: Der Social Identity Approach

Identifikation als Gruppenmitglied, Identifikation mit der Gruppe

Identifikation bezeichnet zunächst allgemein die Zuordnung eines Objektes zu einer Klasse von Objekten (ein blaues Quadrat gehört zu einer Gruppe von geometrischen Formen oder zu einer Gruppe blauer Gegenstände, ein Brillenträger gehört zu der Gruppe der Brillenträger oder der Männer etc.). Im Falle menschlicher Identifikation kann die Zuordnung sowohl von außen vorgenommen werden (Herr X wird von seinen Kollegen als Angehöriger der Gruppe der Raucher bezeichnet) als auch durch die Person selbst (Herr X bezeichnet sich selbst als Raucher). Die bloße Zuschreibung kann mit „Identifikation *als* Mitglied einer Gruppe" benannt werden: Herr X weiß, dass er ein Raucher ist, es spielt aber für ihn keine Rolle, es ist nicht wichtig für sein Selbstbild (für das andere Aspekte zählen wie Geschlecht, Beruf, Aussehen, Erfolg und Misserfolg etc.) – in diesem Fall identifiziert sich Herr X *als* Raucher, diese Identifikation hat aber keine weiteren Konsequenzen für sein Denken, Fühlen und Handeln. Erst die „Identifikation *mit* der Gruppe" der Raucher (der die Identifikation als Raucher notwendigerweise vorausgehen muss) wirkt sich auf das menschliche Erleben und Verhalten aus.

Dimensionen der Identifikation

Diese Identifikation *mit* der Gruppe besteht wiederum aus drei Dimensionen: (1) Herr X ist gerne Raucher (affektive Identifikation), (2) er fühlt sich vielleicht von anderen wegen seines Raucher-Seins negativ beurteilt (evaluative Komponente der Identifikation) und (3) er versucht, dagegen anzugehen, indem er z. B. Kontakt zu anderen Rauchern sucht oder zu Nichtrauchern meidet (konative Komponente). Ob tatsächlich immer alle drei Komponenten (affektiv, evaluativ, konativ) zusammenkommen müssen, ist bislang ungeklärt, allerdings bildet das Zusammenwirken der drei Dimensionen den Kern der Identifikation seit den frühesten Veröffentlichungen von Henri Tajfel zur *Theorie der Sozialen Identität*.

Tajfel (1978) trennt zunächst zwischen personaler und sozialer Identität und definiert die soziale Identität als „den Teil des Selbstkonzeptes einer Person, der dem Wissen um die Mitgliedschaft in einer sozialen Gruppe entstammt, zusammen mit dem Wert und der emotionalen Bedeutung, die mit dieser Mitgliedschaft verbunden sind" (S. 63, Übersetzung des Verfassers). Ellemers, Kortekaas und Ouwerkerk (1999, S. 372) definieren die drei Komponenten auf Basis der Definition von Tajfel folgendermaßen:

- Die *kognitive* Komponente meint das Bewusstsein über die Mitgliedschaft in einer sozialen Gruppe,
- die *evaluative* Komponente beschreibt die positive oder negative Bewertung, die mit der Mitgliedschaft assoziiert wird, d.h. konkret die Wahrnehmung der Attribute, die der Gruppe von außen zugeschrieben werden,
- die *emotionale* Komponente im Sinne von affektiver Identifikation mit der Gruppe.

Nach Ouwerkerk et al. (1999) ist die emotionale Komponente, d.h. die affektive Identifikation, gleichzusetzen mit affektivem Commitment. Diese Komponente ist sowohl in Feldstudien als auch in Laborexperimenten jeweils ein besserer Prädiktor für Verhalten als die kognitive oder bewertende Komponente (S. 188–189). Nach Ashforth und Mael (1989) besteht Identifikation zunächst nur aus der kognitiven Komponente – das ist die *Selbstkategorisierung* – die anderen Komponenten werden als mögliche Ursachen und Folgen dieser kognitiven Identifikation verstanden.

Um an dieser Stelle die Begriffe klar zu definieren, soll die oben getroffene Unterscheidung zwischen Identifikation *als* Gruppenmitglied bzw. Identifikation *mit* der Gruppe noch einmal aufgegriffen und näher spezifiziert werden (vgl. Wagner, 1994; Phinney, 1990): Danach lässt sich die rein kognitive Komponente der Identifikation *als* Mitglied einer Gruppe auch als Selbstkategorisierung bezeichnen oder, mit den Termini der englischsprachigen Fachliteratur, mit den Worten „self-categorization", „self-labeling" oder „self-definition". Diese Dimension der „Identifikation *als*" ist die notwendige Voraussetzung für die weiteren Komponenten, die zu einer gefühlsmäßigen Bindung an die Gruppe führen. Das ist die Identifikation *mit* der Gruppe, die auch mit den Termini „sense of belonging" oder „attachment" bezeichnet werden kann. Nach Phinneys (1991) Überlegungen ist diese Identifikation *mit* der Gruppe die Voraussetzung für die z.B. von der Theorie der Sozialen Identität (SIT, Tajfel & Turner, 1979) oder den gängigen Akkulturationsmodellen (z.B. Berry, 1997) postulierten Prozesse von Ingroup-Bevorzugung, Diskriminierung oder Akkulturationsstress.

Selbstkategorisierung

Akkulturationseinstellungen beschreiben, wie sich Mitglieder unterschiedlicher ethnischer Gruppen in einem Einwanderungsland – oder Unternehmen mit unterschiedlichen Organisationskulturen nach einer Fusion – im Zusammenleben verhalten sollen und wollen (vgl. Abschnitt 4.1).

Akkulturation

Sowohl Tajfel (1978) als auch Phinney (1991) erweitern diese drei Dimensionen schließlich um eine konative (verhaltensorientierte) Komponente: Die SIT sagt vor allem Prozesse der Diskriminierung (im Sinne von Unterscheidung) zwischen den Gruppen vorher, für Phinney besteht die *behaviorale Komponente* hauptsächlich aus der Teilnahme an Riten oder Gebräuchen der Gruppe (vgl. auch Turner, Hogg, Oakes, Reicher & Wetherell, 1987 zu Phänomenen wie Gruppenpolarisation oder Massenhandlungen).

Jackson (2002) hat Identifikation ebenfalls als multidimensionales Konzept bezeichnet und eine umfassende Übersicht über die Forschung und die Inhalte der verschiedenen Dimensionen präsentiert. Er stimmt in den ersten drei Dimensionen mit dem bisher Beschriebenen überein und bezeichnet diese Dimensionen ebenfalls als kognitiv, affektiv und evaluativ. Die vierte Komponente nennt Jackson „common fate", das ist die Wahrnehmung eines gemeinsamen Schicksals und wechselseitiger Abhängigkeit. Betrachtet man aber die Itembeispiele, die Jackson für diese vierte Dimension liefert (z. B. „Ich unterstütze meine Gruppe", „Menschen bevorzugen ihre eigene Gruppe"), wird klar, dass es sich auch hier um die zuvor als konativ bezeichnete Komponente handelt (siehe für eine weitere aktuelle Skala, die Identifikation multidimensional auffasst: Roth & Mazziotta, 2015).

Nach diesen Ausführungen lässt sich zusammenfassen, dass Identifikation aus mehreren Komponenten besteht, die theoretisch auseinandergehalten werden sollten, nämlich kognitiven, motivationalen und behavioralen Aspekten (siehe Kasten).

Komponenten der Identifikation
Kognitive Dimension

Kognitive Identifikation

Die kognitive Dimension beinhaltet ist zunächst die Wahrnehmung und Feststellung der Person, dass sie Mitglied einer sozialen Kategorie ist. Diese kognitive Einschätzung ist abhängig vom sozialen Kontext: In einer Situation, in der die Gruppenmitgliedschaft betont wird, z. B. durch Vergleich mit einer relevanten zweiten Gruppe (Outgroup), ist die Wahrscheinlichkeit für eine Identifikation als Gruppenmitglied erhöht. Bei der Frage, mit welcher Kategorie man sich identifiziert, spielt das Metakontrast-Prinzip (Turner et al., 1987, S. 47) eine Rolle: Dieses Prinzip besagt, dass eine Anzahl von Stimuli so als eine Einheit identifiziert wird, dass die Differenzen zwischen den Stimuli *innerhalb* dieser Einheit als kleiner wahrgenommen werden als *zwischen* dieser Einheit und anderen Einheiten von Stimuli – „wir" Deutschen nehmen uns als ähnlicher wahr, als wir tatsächlich sind und betonen die Unterschiede zu „den" Holländern.

Evaluative Dimension	
Ist die Identifikation *als* Gruppenmitglied erfolgt, wird bewertet, welche Attribute der Gruppe von außen zugeschrieben werden (evaluative Komponente bestehend aus einer kognitiven Einschätzung und einer affektiven Bewertung der Attribute).	Evaluative Identifikation
Affektive Dimension	
Nach der Selbstkategorisierung und parallel zur Evaluation der Gruppenattribute kommt es zu der Identifikation *mit* der Gruppe, die die gefühlsmäßige Bewertung der Gruppenmitgliedschaft bezeichnet.	Affektive Identifikation
Konative Aspekte	
Konative Aspekte beschreiben, wie sehr man sich auch im Verhalten für die Werte und Ziele der Gruppe einsetzt.	Behaviorale Identifikation

2.2 Beziehungen zwischen den Ansätzen aus Sozial- und Organisationspsychologie

Eigenständige Beiträge zur Vorhersage von Outcome-Variablen wie Leistung oder Zufriedenheit der Mitarbeiter liefern die Commitment-Dimensionen (vgl. Abschnitt 1.2): *Affektives Commitment* entwickelt sich aufgrund der Wahrnehmung, dass die Organisation den Mitarbeiter unterstützt und sich um sein Wohlergehen und seine Entwicklung kümmert. *Normatives Commitment* meint, inwieweit sich die Person aufgrund moralischer Verpflichtungen und normativer Vorstellungen an die Organisation gebunden fühlt. Diese Form entwickelt sich aus den allgemeinen Moralvorstellungen einer Person sowie aus den Investitionen, die die Organisation für den Mitarbeiter tätigt (z. B. die Aus- und Fortbildung). Fairness, Gerechtigkeit, Equity

Es gibt eine Reihe sozialpsychologischer Theorien und Modelle, die Aussagen darüber machen, wie sich die Wahrnehmung von Gerechtigkeit und Fairness, z. B. bei der Verteilung von Ressourcen, auf Einstellungen auswirkt. Die Equity-Theorie (Adams, 1965) nimmt beispielsweise an, dass eine Person das Verhältnis von eigenen Anstrengungen (inputs) zu eigenem Nutzen (outcomes) vergleicht mit dem Verhältnis von „inputs" und „outcomes" anderer Personen. Die Relevanz dieser Mechanismen im Kontext der Erwerbsarbeit wurde in verschiedenen Bereichen demonstriert: So vergleichen Arbeiter das, was sie leisten, mit dem, was sie von ihrem Unternehmen an Lohn und sonstigen Leistungen erhalten. Fühlen sie sich bei diesem Vergleich benachteiligt, reduzieren sie im Akkordlohn die Qualität der Produkte und im Stundenlohn die Quantität ihrer Arbeitsleistung (vgl. Mikula, 1985). Man kann nun davon ausgehen, dass Personen, die von ihrer Organisation im Verhältnis zu ihrer Leistung ausreichende Gegenleistungen bekommen, auch zufriedener sind und sich der Organisation auch eher verbunden fühlen. Der Empfang von Leistungen in angemessener Relation zu eigenen Anstrengungen hat demnach normative Implikationen, die zu einer Verpflichtung für die zukünftige Beziehung zur Organisation führen.

Fortsetzungs-bezogenes Commitment und Kosten des Stellenwechsels

Fortsetzungsbezogenes Commitment bedeutet, wie sehr die Person bestrebt ist, der Organisation weiter anzugehören. Nach der Seitenwettentheorie von Becker (1960) ist eine Ursache für die Entwicklung von fortsetzungsbezogenem Commitment die Tatsache, dass Menschen, die lange einer Organisation angehören, in der Regel gewisse Vergünstigungen und Annehmlichkeiten angesammelt haben, die sie bei einem Wechsel der Organisation verlieren würden. Dies beginnt damit, dass man sich „eingerichtet" hat, die Wege und Gegebenheiten genau kennt, sich nicht mehr auf Neues einstellen muss, was ein Gefühl der Sicherheit erzeugt. Es fallen aber auch tatsächliche materielle Vergünstigungen weg, wenn man eine Organisation wechseln würde, wie betriebliche Altersversorgungen, Anteilseignung am Unternehmen durch mitarbeiterbezogene Aktienpläne usw.

Eine weitere wichtige Grundlage für fortsetzungsbezogenes Commitment ist das tatsächliche oder subjektiv erlebte Fehlen von Alternativen. Wenn eine Person glaubt, dass sie aufgrund ihrer Qualifikation oder aufgrund der generellen Arbeitsmarktsituation nur geringe Aussichten auf eine bessere oder zumindest gleichwertige Position in anderen Organisationen hat, wird sie eher der Organisation treu bleiben, als eine Person, die viele Alternativen wahrnimmt und diese gegeneinander abwägen kann.

Interdependenz, Anspruchs-niveau und Alternativen

Beide Ursachen für die Entwicklung fortsetzungsbezogenen Commitments können zum Teil mit den sozialpsychologischen Interdependenztheorien erklärt werden (vgl. Thibaut & Kelley, 1959). Thibaut und Kelley beschreiben, dass die Akzeptierbarkeit eines Ergebnisses oder einer gegebenen Situation (hier: der Organisation, der man angehört) zum einen abhängt vom eigenen Standard oder Anspruchsniveau (das ist das Minimum dessen, was die Person zur Befriedigung ihrer Bedürfnisse benötigt und im Vergleich zu den von ihr wahrgenommenen eigenen Fähigkeiten erwartet). Zum anderen hängt die Akzeptierbarkeit aber auch von existierenden Alternativen ab. Danach kann eine Person mit ihrer Organisation zufrieden sein, obwohl sie aufgrund ihrer Fähigkeiten eigentlich ein höheres Anspruchsniveau hat, wenn sie keine besseren Alternativen sieht. Das Verbleiben in der Organisation kommt in diesem Fall aber nicht zustande, weil die Organisation als attraktiv bewertet wird, sondern weil attraktivere Alternativen fehlen. Es besteht dann Interdependenz, oder Abhängigkeit, aber keine Attraktion zur Organisation.

Antizipiert man nach Becker (1960) zu große Verluste im Falle eines Wechsels oder sieht man gar keine Alternativen, ist man von der Organisation abhängig. Und wie die meisten Formen von Abhängigkeit, macht auch die Abhängigkeit der Person von der Organisation tendenziell eher unzufrieden, hilflos und lethargisch. Dadurch kann auch erklärt werden, warum fortsetzungsbezogenes Commitment zwar negativ mit Kündigung und Kündigungsabsichten, aber ebenso negativ mit Leistungsindikatoren oder Zufriedenheit zusammenhängt (z. B. Konovsky & Cropanzano, 1991; Meyer et al., 2002). Personen mit hohem fortsetzungsbezogenen Commitment bleiben ihrer Organisation zwar treu, aber nicht aus Freude (affektiv) oder Gefühlen der Verpflichtung (normativ), sondern weil sie es *müssen*. Und deshalb sind Personen, bei denen diese Form des Commitment stark ausgeprägt ist, auch in geringerem Maße engagiert und weniger bereit, sich für die Organisation aufzuopfern als Personen mit niedrigem fortsetzungsbezogenem Commitment. Letztere hätten ja Alternativen und verbleiben in der Organisation, weil sie es *wollen* (vgl. Meyer & Allen, 1991).

Die verschiedenen Komponenten oder Dimensionen von Identifikation und Commitment lassen sich nach van Dick (2001, 2004) folgendermaßen beschreiben: Für die Identifikation ist nach Tajfel, Turner oder Phinney zunächst die (Selbst-)Kategorisierung als Gruppenmitglied wichtig, in der Folge entwickeln sich die affektiven, evaluativen und behavioralen Bestandteile der Identifikation, die sich wiederum auf verschiedene Outcome-Variablen (Arbeitszufriedenheit, Motivation, Fehlzeiten, Fluktuation etc.) auswirken. Alle Identifikationskomponenten sind situativ variabel und hängen vom Kontext und der Salienz (d. h. der momentanen Bedeutsamkeit) der jeweiligen Kategorie ab. Dabei ist davon auszugehen, dass die drei Komponenten nicht unabhängig voneinander sind: Je positiver die Gruppe z. B. von außen gesehen wird, desto positiver sind vermutlich auch die Gefühle der Person etc. Die Tatsache, dass empirische Studien mit mehrdimensionalen Identifikationsskalen oft Ein- oder Zweifaktorenlösungen ergaben, spricht für die Annahme von Rückkopplungen zwischen den Dimensionen (vgl. Mummendey, Klink, Mielke, Wenzel & Blanz, 1999)

Meyer, Becker und van Dick (2006) haben die Konstrukte der Identifikation und des Commitment in einem Modell integriert, das in Abbildung 1 dargestellt ist. Dabei greifen Meyer et al. auf eine Unterscheidung von Rousseau (1998) zwischen situativer („situated identity") und nachhaltiger („deep structure identity") zurück (siehe auch Riketta, van Dick & Rousseau, 2006).

Integratives Modell von Identifikation und Commitment

Der soziale Kontext beeinflusst zunächst (1) über die Salienz der jeweiligen Gruppe (also im Arbeitskontext z. B. eines bestimmten Teams) die Selbstkategorisierung (die Wahrnehmung eines neuen Mitglieds, Teil des Teams zu sein). Kurzfristig führt dies (2) zu situativer Identifikation (mit dem Team). Mittel- und längerfristig kann daraus (3) eine nachhaltige Identifikation erwachsen – die Stärke des Zusammenhangs zwischen situativer und nachhaltiger Identifikation wird dabei wiederum (4) vom Kontext

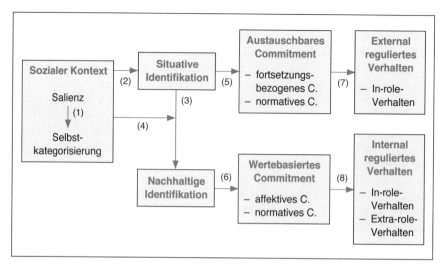

Abbildung 1:
Integratives Modell von Identifikation und Commitment nach Meyer et al.
(2006, S. 669, übersetzt und modifiziert vom Verfasser)

beeinflusst. Situative Identifikation hat vor allem ein Commitment zur Folge, (5) das austauschbasiert ist (also gezeigt oder gefühlt wird, weil man sich davon Vorteile verspricht), welches wiederum (7) zu einem Verhalten führt, das durch den Arbeitsvertrag geregelt ist und aufgrund von Belohnung bzw. (die Vermeidung von) Bestrafung gezeigt wird. Nachhaltige Identifikation führt dagegen (6) zu wertebasiertem Commitment, welches wiederum (8) Verhaltensweisen wahrscheinlicher macht, die nicht nur aus der vertraglich geregelten Arbeitsleistung bestehen, sondern auch freiwilliges Arbeitsengagement beinhalten, wie Hilfsbereitschaft gegenüber Kollegen oder innovative Vorschläge.

2.3 Womit identifiziert man sich? Unterschiedliche Ziele

Foci = Objekte, mit denen man sich identifiziert

Man kann die Dimensionen von Identifikation und Commitment zusätzlich mit den verschiedenen Zielen von Identifikation und Commitment, die im Folgenden als *Foci* bezeichnet werden, verknüpfen und erhält eine Matrix, wie sie in Tabelle 1 dargestellt ist (vgl. van Dick, Wagner & Gautam, 2002). Identifikation bzw. Commitment können sich demnach auf verschiedene Objekte richten, wie den Beruf, die derzeitige Organisation, die konkrete Arbeitsgruppe oder auch auf Personen, wie den unmittelbaren Vorgesetzten etc.

24

Tabelle 1:
Foci und Dimensionen von Identifikation und Commitment

Dimensionen	Foci				
	Karriere	Team	Organisation	Beruf	...
Kognitive Identifikation					
Affektive Identifikation					
Evaluative Identifikation					
Behaviorale Identifikation					
Affektives Commitment					
Normatives Commitment					
Fortsetzungsbezogenes Commitment					

Meyer und Allen (1997, S. 91 f.) haben dies für die drei Commitment-Dimensionen unter dem Begriff „multiple commitments in the workplace" (vgl. auch Tosi, Mero & Rizzo, 2000) theoretisch herausgearbeitet und merken an, dass es durchaus Widersprüche zwischen den verschiedenen Foci von Commitment geben kann: So kann man z. B. wenig Commitment gegenüber der Organisation empfinden, bleibt aber dennoch im Unternehmen, weil man sich an die Arbeitsgruppe gebunden fühlt. Auch kann starkes Commitment für die Arbeitsgruppe negative Auswirkungen für die Organisation als Ganzes haben: Zum Beispiel kann starkes Commitment der Mitglieder einzelner Arbeitsgruppen zu Konkurrenzdenken zwischen den Arbeitsgruppen führen, was sich wiederum in negativen Resultaten für die Gesamtorganisation äußern kann (vgl. Ouwerkerk et al., 1999).

Mehrdimensionale Erfassung von Commitment

Haslam (2004) begründet ebenfalls theoretisch, dass unterschiedliche Kontexte verschiedene Foci von Commitment aktivieren können, was wiederum zu unterschiedlichem Verhalten führen kann: In Kontexten, in denen eher die persönliche Identität salient ist, zeigen Personen Karriere-Commitment, das auf das persönliche Weiterkommen gerichtet ist und nicht notwendigerweise mit den Zielen der Organisation kongruent sein muss (oder ihnen sogar zuwiderläuft). Ist dagegen durch den Kontext, z. B. in dem die eigene Arbeitsgruppe (oder die eigene Organisation) mit anderen Arbeitsgruppen (oder anderen Organisationen) verglichen wird, die soziale Identität salient, zeigen Personen ein Commitment (affektiv oder normativ), das sich auf die Arbeitsgruppe (oder die Organisation) bezieht und das zu loyalem Verhalten oder darüber hinaus zu Extra-Rollenverhalten führt.

2.4 Empirische Befunde

Es gibt eine ganze Reihe von Studien, die die Korrelate und die Auswirkungen von Commitment in Organisationen untersucht haben, mittlerweile liegen auch metaanalytische Zusammenfassungen vor (z. B. Mathieu & Zajac, 1990; Meyer et al., 2002; Meyer, Stanley, Jackson, McInnis, Maltin & Sheppard, 2012). Zum Konzept der organisationalen Identifikation ist die Befundlage etwas überschaubarer, aber auch hier sind in den letzten 15 Jahren etliche Studien explizit aus der Perspektive des Social Identity Approach durchgeführt worden, die ebenfalls bereits metaanalytisch zusammengefasst wurden (Lee et al., 2015; Riketta, 2005). Ich werde im Folgenden einige Studien kurz skizzieren und dabei etwas ausführlicher auf eigene Arbeiten zu diesem Thema eingehen.

Einleitend soll gesagt werden, dass sowohl die Studien zum organisationalen Commitment als auch zur Identifikation meist auf Selbstberichten beruhen, d. h. Mitarbeiterinnen und Mitarbeiter geben in Fragebögen an, wie stark sie ihrem Unternehmen verbunden sind und sie sagen in einem anderen Teil des Fragebogens, wie sehr sie zufrieden oder motiviert sind oder wie gut sie ihre eigene Leistung bewerten. Gäbe es nur diese Art der Datenerhebung, gäbe es ein ernstes Problem gemeinsamer Methodenvarianz: Wenn ein Mitarbeiter zum Beispiel gerade gut gelaunt ist, kreuzt er alle Fragen im Fragebogen positiv an, ein anderer, der in schlechterer Stimmung ist, kreuzt alles negativer an. Zum Glück gibt es aber auch Studien, in denen die Selbstberichte im Merkmal Identifikation mit objektiven Daten (z. B. dem Umsatz auf Teamebene wie bei Wieseke et al., 2009 oder dem Stress gemessen durch Speichel-Cortisol wie bei Häusser et al., 2012) in Beziehung gesetzt wurden oder in denen Vorgesetztenbewertungen (z. B. zur Kreativität der Mitarbeiter wie bei Hirst et al., 2009) verwendet wurden. Gemeinsam zeigen die Befragungen, die Laborstudien und die objektiven Daten, dass es tatsächlich Zusammenhänge gibt, wie im Folgenden ausgeführt wird, und dass diese Befunde keine messmethodischen Scheinzusammenhänge darstellen.

2.4.1 Foci, Dimensionen und Korrelate

Mehrdimensionale Erfassung von Identifikation

Zur Frage, ob sich die theoretisch sinnvolle Unterscheidung unterschiedlicher Foci und Dimensionen von Identifikation auch empirisch finden lässt, sind bereits einige Studien durchgeführt worden. Im Kontext *organisatio-*

naler Identifikation gibt es ebenfalls einige Versuche, mehrdimensionale Identifikationskonzepte zu verwenden. Es wurden allerdings bisher nur einzelne Aspekte bzw. spezifische Kombinationen untersucht, bislang noch nicht alle möglichen Kombination, die z. B. in Tabelle 1 dargestellt sind. In diversen Arbeiten wurde versucht, die verschiedenen angesprochenen Komponenten zu operationalisieren, dabei wurden keine zusätzlichen Dimensionen gefunden. Mummendey et al. (1999) fassen zwar zusammen, dass die meisten Ansätze, die drei Dimensionen nach Tajfel (vgl. Abschnitt 2.1) zu operationalisieren, in unidimensionalen oder bestenfalls zweifaktoriellen Lösungen (individuelle bzw. gruppale Identifikation auf der einen Seite, positive bzw. negative Bewertung der Gruppe als zweiter Faktor) mündeten. Allerdings gibt es auch einige Studien, in denen mehrdimensionale Ansätze bestätigt werden konnten. So konnte Jackson (2002) drei der vier von ihm theoretisch angenommenen Dimensionen auch empirisch nachweisen (kognitiv, affektiv und evaluativ).

Van Knippenberg und van Schie (2000) erfassten in zwei Studien bei Universitätsangestellten und Mitarbeitern lokaler Behörden Identifikation mit der Gesamtorganisation und Identifikation mit der Arbeitsgruppe. Tendenziell hing dabei in beiden Stichproben, im Vergleich zur Identifikation mit der Organisation, die Identifikation mit der Arbeitsgruppe stärker mit verschiedenen Merkmalen wie Arbeitszufriedenheit, Kündigungsabsichten und Involvement zusammen. Hennessy und West (1999) befragten 112 Angestellte einer Organisation, die in 17 verschiedenen Teams arbeiteten, nach ihrer Arbeitsgruppenidentifikation und ihrer Identifikation mit der Organisation. Die Identifikation mit der Arbeitsgruppe hing mit Eigengruppenbevorzugung zusammen, d. h. je stärker sich die Mitglieder mit ihrem Team identifizierten, desto größer war die Sympathie gegenüber der eigenen und die Antipathie gegenüber den anderen Arbeitsgruppen ausgeprägt.

> Identifikation mit der Arbeitsgruppe, Identifikation mit der Gesamtorganisation

Ellemers, de Gilder und van den Heuvel (1998) untersuchten verschiedene Aspekte von Commitment, allerdings mit Fragen, die auch Identifikationsaspekte beinhalteten. In einer großen repräsentativen Stichprobe in den Niederlanden fanden Ellemers und Mitarbeiter differentielle Einflüsse der unterschiedlichen Commitment-Aspekte auf verschiedene abhängige Variablen. Diese Variablen wurden ein Jahr nach der Erfassung des Commitment gemessen: Es zeigte sich z. B., dass mit Team-Commitment zum ersten Messzeitpunkt Überstunden ein Jahr später besser vorhergesagt werden konnten als mit Commitment zu der Organisation als Ganzes. Becker, Billings, Eveleth und Gilbert (1996) fanden, dass Commitment mit dem Vorgesetzten stärker mit Produktivitätsindikatoren korrelierte als Commitment mit der Organisation als Ganzes.

Riketta und van Dick (2005) haben in einer Metaanalyse alle Studien zusammengefasst, in denen entweder Identifikation oder Commitment in Bezug auf die beiden Foci Team und Organisation, und zwar mit denselben Fragebögen, erfasst wurde. Aufgrund verschiedener theoretischer Argumente nahmen sie an, dass die Bindung an das Team durchschnittlich stärker ausgeprägt sein sollte als die organisationale Bindung. Dies sollte unter anderem deshalb so sein, weil die Sozialisation an Werte und Normen in der Regel „vor Ort" im direkten Umgang mit den Kolleginnen und Vorgesetzten stattfindet und nicht in der eher abstrakten Organisation als Ganzes. Auch die *Theorie der optimalen Distinktheit* sagt eine stärkere Teamidentifikation vorher. Nach dieser Theorie von Brewer (1991) haben alle Menschen zum einen das Bedürfnis nach Zugehörigkeit zu sozialen Gruppen, aber zum anderen wollen sie auch nicht völlig in der Gruppe „untergehen", sondern sich ihre Individualität bewahren – diese beiden Bedürfnisse können gleichzeitig besser befriedigt werden, wenn man sich als Mitglied von kleineren Gruppen sieht.

Diese Vorhersagen fanden Riketta und van Dick (2005) in einer zusammenfassenden Analyse von insgesamt 24 Studien bestätigt: Im Durchschnitt ist die Bindung an das Team bzw. die Arbeitsgruppe tatsächlich stärker als die Bindung an die Organisation. Dies bedeutet aber nicht, dass die Bindung an kleinere Einheiten auch immer wichtiger für andere Einstellungen und Verhaltensweisen ist – so war in der Metaanalyse die Bindung an Teams stärker als die organisationale Bindung assoziiert mit der Zufriedenheit mit dem Team, dem eingeschätzten Klima auf Arbeitsgruppenebene und einem Extra-Rollenverhalten in Bezug auf das Team. Dagegen hing die organisationale Bindung stärker als die Bindung an Teams mit den Kündigungsabsichten zusammen – was auch logisch ist, weil man in der Regel im Unternehmen kündigt und nicht im Team.

Matching principle

Dieses Prinzip, dass immer der Fokus der Identifikation am stärksten mit denjenigen Einstellungen und Verhaltensweisen korrespondiert, mit denen er theoretisch am engsten zusammenhängt, wurde von Ullrich, Wieseke, Christ, Schulze und van Dick (2007) *matching principle* genannt. Diese Autoren fanden, dass die Identifikation von Reisebürokaufleuten mit ihrem Reisebüro (also Identifikation mit organisationalem Fokus), aber nicht die Identifikation mit dem Konzern, mit der Kundenorientierung zusammenhing, während umgekehrt die Identifikation mit dem Konzern eher auf den Konzern bezogenes OCB vorhersagte und nicht die Identifikation mit dem Reisebüro.

Zusammenspiel verschiedener Foci

Schließlich untersuchten van Dick, van Knippenberg, Kerschreiter, Hertel und Wieseke (2008) die Interaktion zwischen Team- und organisationaler Identifikation. In zwei Stichproben von Bank- sowie Reisebürokaufleuten zeigte sich eine verstärkende Wirkung des einen Fokus auf die Beziehung zwischen dem anderen Fokus und Arbeitszufriedenheit sowie OCB. Abbildung 2 verdeutlicht den Zusammenhang am Beispiel der Arbeitszufriedenheit bei den Bankkaufleuten.

28

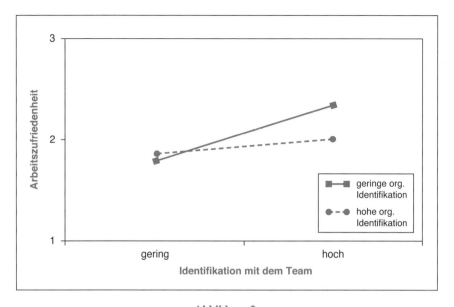

Abbildung 2:
Interaktive Wirkung von Identifikation mit dem Team und der Organisation auf die Arbeitszufriedenheit von Bankkaufleuten (van Dick et al., 2008, S. 393, Übersetzung des Verfassers)

Wie man sieht, gibt es einen positiven Zusammenhang zwischen der Identifikation mit dem Team und der Arbeitszufriedenheit – dieser fällt jedoch deutlich stärker für diejenigen Mitarbeiter aus, die sich stark mit der Organisation identifizieren. Wenn die Identifikation mit beiden Foci hoch ausgeprägt ist, ist die Zufriedenheit der Mitarbeiter am größten. Die Ergebnisse waren auch für das OCB und auch bei den Reisebürokaufleuten sehr ähnlich.

2.4.2 Identifikation im Kontext von Mergern und Akquisitionen

Merger und Akquisitionen werden zunehmend wichtiger im globalen Wettbewerb. Nach Giessner, Horton und Humborstad (2016) wurden allein im Jahr 2013 weltweit Fusionen mit einem Gesamtvolumen von über 2 Billionen US-Dollar getätigt. Die Erwartungen, die in die Fusionen gesetzt werden, können allerdings oft nicht erfüllt werden: 1996 sprachen Cartwright und Cooper davon, dass mehr als die Hälfte der Merger die finanziellen Gewinnerwartungen nicht erreichen. Dies wird untermauert durch eine Metaanalyse von King, Dalton, Daily und Covin (2004), die über 200.000 Akquisitionen zusammenfassen und im Wesentlichen negative Effekte auf die finanziellen Indikatoren von Umsatz, Gewinn oder Aktien-

Psychologische Ursachen für das Scheitern von Fusionen

entwicklung feststellen. Marcks und Mirvis (2001) stellen ebenfalls fest, dass insgesamt zwei Drittel aller Merger und Akquisitionen ihre finanziellen und strategischen Ziele nicht erreichen. Terry (2001) führt dies darauf zurück, dass die „menschliche Seite" solcher Prozesse bei der Vorbereitung von Fusionen im Vergleich zu strategischen oder technischen Problemen oft vernachlässigt wird. Terry macht auf Grundlage des Social Identity Approach Vorschläge, wie diese menschliche Seite künftig in die Planungen von Fusionen einbezogen werden kann, in Abschnitt 4.1 wird darauf im Detail eingegangen.

Warum sollte es nun wichtig sein, bei der Planung und Umsetzung von Fusionen auf psychologische Theorien zurückzugreifen? Betrachten wir die folgenden *(hypothetischen) Aussagen*:

1. Ein Merger ist per Definition der Zusammenschluss zweier gleichrangiger Organisationen. Dadurch, dass die akquirierte Organisation in irgendeinem Markt oder bei irgendeinem Produkt besser positioniert ist, wird der Merger für die akquirierende Organisation erst interessant. Dies gleicht Statusunterschiede in anderen Bereichen aus und die Mitarbeiter fühlen sich in der Post-Merger-Organisation gleichberechtigt.

2. Durch den Merger sind oft viele Positionen der unteren und mittleren Führungsebenen „doppelt" besetzt. Es macht Sinn, bei Entlassungen vor allem die Führungskräfte der akquirierten Organisation zu entlassen. Werden deren Positionen mit Führungskräften der akquirierenden Organisation wiederbesetzt, fällt den Mitarbeitern die Identifikation mit der Post-Merger-Organisation leichter, weil diese ja auch in den meisten anderen Bereichen von der akquirierenden Organisation dominiert wird.

3. Für ein schnelles Zusammenwachsen der beiden Teil-Organisationen eines Merger ist es gut, wenn beide vor und nach dem Merger an ähnlichen Aufgaben arbeiten, also gleiche Produkte herstellen oder gleiche Dienstleistungen anbieten. Dadurch spricht man schneller eine „gemeinsame Sprache".

Alle diese Aussagen klingen vertraut und plausibel, häufig wird auch nach ihnen agiert, z. B. bei der Entlassung bestimmter Führungsmitarbeiter (Aussage 2) oder in der Planungsphase bei der Suche nach geeigneten Partnern (Aussage 3). Fusionen, die nach diesen Handlungsempfehlungen vollzogen wurden, sind in der Vergangenheit allerdings oft gescheitert. Betrachten wir nun die *gegenteilig formulierten Aussagen*:

1. „There is never a merger of equals". Dadurch, dass immer eine Organisation akquiriert und die andere akquiriert wird, gibt es auch immer ein Statusgefälle zwischen den Mitarbeitern der beiden ursprünglichen Organisationen in der Post-Merger-Organisation. Dies kann zu Schwierigkeiten in der Zusammenarbeit führen, weil sich die Mitarbeiter der akquirierten Organisation unterlegen fühlen.

2. Durch den Merger sind oft viele Positionen der unteren und mittleren Führungsebenen „doppelt" besetzt. Es macht Sinn, bei Entlassungen vor allem die Führungskräfte der akquirierenden Organisation zu entlassen, da hierdurch den Mitarbeitern der akquirierten Organisation durch Beibehaltung ihrer „Führungsriege" das Gefühl der Kontinuität gegeben wird. Dieses Gefühl wird durch Umstrukturierungen in anderen Bereichen, die meist von der akquirierenden Organisation vorgegeben werden, genug strapaziert.

3. Für ein schnelles Zusammenwachsen der beiden Teil-Organisationen eines Merger ist es gut, wenn beide vor und nach dem Merger an unterschiedlichen Aufgaben arbeiten, also verschiedene Produkte herstellen oder verschiedene Dienstleistungen anbieten. Durch Expertise in bestimmten Bereichen haben die Mitarbeiter beider Organisationen die Möglichkeit, Teilaspekte ihrer Identität aufrechtzuerhalten.

Strukturelle Bedingungen im Fusionsprozess

Auch diese Aussagen klingen plausibel, aber im Gegensatz zu den ersten Aussagen sind sie theoretisch abgeleitet. Im Folgenden werde ich kurz die theoretischen Grundlagen besprechen und dann auf die empirischen Überprüfungen der Theorie in Feld- und Laborforschung eingehen. Die Theorie der Sozialen Identität macht, neben den in Abschnitt 2.1 diskutierten Annahmen, auch Aussagen über den Einfluss verschiedener soziostruktureller Bedingungen auf die Beziehungen zwischen Gruppen. Diese Annahmen lassen sich sehr gut auf Organisationen übertragen, die M&A-Prozesse durchlaufen. Drei Dimensionen lassen sich unterscheiden, sie werden im folgenden Kasten anhand von Beispielen dargestellt.

Soziostrukturelle Beziehungen zwischen Gruppen

Hoher versus niedriger Status

Statusbeziehungen zwischen den fusionierenden Organisationen

Zunächst kann die Beziehung dahingehend analysiert werden, ob der Status zwischen zwei Gruppen gleich oder ungleich ist. Dabei geht es nicht um die realen Unterschiede, sondern darum, ob von den Gruppenmitgliedern psychologisch solche Unterschiede wahrgenommen werden.

Klassische *Beispiele* sind ethnische Minderheiten, die sich in fast allen Ländern im Vergleich zur einheimischen Mehrheit psychologisch als unterlegen empfinden. Ein anderes Beispiel ist die Relation zwischen den Geschlechtern: Aufgrund der historischen Gegebenheiten sind Frauen in Führungspositionen in Wirtschaft oder Wissenschaft auch heute noch zahlenmäßig extrem unterrepräsentiert, was mit einem Gefühl der Unterlegenheit gegenüber Männern, bzw. aufseiten der Männer mit Gefühlen der Überlegenheit einhergeht. Schließlich haben Vorgesetzte per Definition einen höheren Status als Mitarbeiter, was ihre Stellung in der Organisation angeht.

Legitimität der Beziehungen

Mitglieder unter- und überlegener Gruppen können die Statusunterschiede als legitim oder illegitim wahrnehmen.

Beispiele: Die Statusunterschiede zwischen Adel und einfachem Volk wurden vor der französischen Revolution als von Gott gegeben angesehen und damit als legitim akzeptiert. Noch in der Mitte des 20. Jahrhunderts war es in Deutschland für Frauen unüblich, zu studieren oder sich anderweitig zu qualifizieren. Die Rolle der Frau als Mutter und Hausfrau wurde noch vor 50 Jahren von beiden Geschlechtern als naturgegeben angesehen und damit auch die Überlegenheit der Männer im Beruf akzeptiert. In diesen beiden Bereichen hat sich sehr viel verändert. In anderen Bereichen sieht es anders aus: So ist z. B. die Rolle von ethnischen Minderheiten in Staaten, die sich nicht als Einwanderungsländer verstehen, nach wie vor ungleich zu denen der einheimischen Majoritäten, und zum Teil basieren diese Ungleichheiten auf legalen und damit im formalen Sinne legitimen Richtlinien der Gesetzgebung. Der unterschiedliche Status von Mitarbeitern und Vorgesetzten wird im Allgemeinen als legitim angesehen, weil Vorgesetzte eine bessere Ausbildung haben oder in der Vergangenheit bessere Leistungen gezeigt haben und dadurch befördert worden sind. Oder, fast trivial, weil sie die Organisation, in der die Mitarbeiter beschäftigt sind, gegründet und aufgebaut haben.

Permeabilität versus Impermeabilität

Möglichkeiten, zwischen den Gruppen zu wechseln

Unabhängig von der Legitimität der Statusbeziehung können Individuen die Gruppengrenzen als durchlässig oder undurchlässig empfinden.

Beispiele: Eine Frau kann nicht in die Gruppe der Männer wechseln (abgesehen von seltenen Fällen von Geschlechtsumwandlungen), ein Schwarzer kann nicht weiß werden. Aber ein „Ausländer" kann ein Deutscher werden, indem er die deutsche Staatsangehörigkeit bekommt. Ein Mitarbeiter kann, z. B. durch Weiterbildung und Beförderung, in die Gruppe der Vorgesetzten aufsteigen.

„There is never a merger of equals"

Betrachten wir nun die soziostrukturellen Beziehungen von Organisationen, die nach einem Merger entstehen. Es gibt den Satz „There is never a merger of equals" (siehe oben). Der Unterschied zwischen einem Merger und einer Akquisition ist in erster Linie ein juristischer (vgl. für diese und weitere Unterscheidungskriterien von Unternehmenszusammenschlüssen: Wöhe, 2013): Bei einer „Verschmelzung durch Aufnahme" *(Akquisition)* werden ein oder mehrere Unternehmen von einem anderen Unternehmen aufgenommen und deren Vermögen auf das aufnehmende Unternehmen übertragen, während bei einer „Verschmelzung durch Neugründung" *(Mer-*

ger) das Vermögen zweier oder mehrerer Unternehmen als Ganzes auf ein von diesen Unternehmen neu gegründetes Unternehmen übertragen wird. In der Praxis hat auch ein Merger für die Mitarbeiter die Bedeutung einer Akquisition. Das bedeutet, dass es dadurch, dass es immer eine akquirierende und eine akquirierte Organisation gibt, auch (fast) immer unterschiedliche Statusbeziehungen zwischen den beiden Teil-Organisationen gibt, die nach dem Merger in einer neuen Gesamtorganisation aufgehen. Die Fusion zweier Organisationen hat ja immer einen bestimmten Hintergrund, meist ist es die wirtschaftliche Schwäche der einen bzw. die Stärke der anderen Organisation, die zur Übernahme führt. Die Übernahme kann in gegenseitigem Einvernehmen erfolgen, es kann sich aber auch, und das konnte in den letzten Jahren immer häufiger beobachtet werden, um eine „feindliche" Übernahme handeln, d. h. eine Organisation mit sehr viel Kapitalwert akquiriert eine andere Organisation gegen den Willen von Vorstand und Mitarbeitern.

Nun kann man sich leicht die einzelnen soziostrukturellen Bedingungen vorstellen, die die Mitglieder der beiden Teil-Organisationen nach der Fusion wahrnehmen. Die Mitglieder der akquirierten Organisation werden sich meist und besonders, wenn sie aufgrund wirtschaftlicher Schwäche durch die Akquisition vor dem Konkurs bewahrt wurden, als Angehörige der unterlegenen Organisation empfinden *(Status)*. Fand die Fusion in gegenseitigem Einvernehmen, vielleicht sogar auf Initiative der akquirierten Organisation und in einem fairen und den Mitarbeitern transparenten Kontext der Übernahmeverhandlungen statt, werden die Statusunterschiede als legitimer wahrgenommen, als wenn es sich um eine feindliche Übernahme handelt *(Legitimität)*. Schließlich kann der einzelne Mitarbeiter der unterlegenen Organisation erleben, dass die Statusunterschiede stabil bleiben und er nur geringe Möglichkeiten hat, innerhalb der neuen Organisation aufzusteigen, weil alle Führungspositionen von Mitarbeitern der überlegenen Organisation besetzt werden. Er kann aber im Gegenteil auch wahrnehmen, dass er gute Chancen hat aufzusteigen, wenn er sich nur genug anstrengt und bei der Besetzung neuer Leitungspositionen nicht nach Herkunft aus einer der beiden ehemaligen Organisationen unterschieden wird *(Permeabilität)*.

Die Theorie der Sozialen Identität (vgl. Abschnitt 2.1) würde vorhersagen, dass es in Situationen mit unterschiedlichen Statusbeziehungen besonders unter illegitimen und wenig permeablen Bedingungen zu mehr Unzufriedenheit mit dem Merger kommen müsste. Anders ausgedrückt: Um negative Folgen von Mergern zu vermeiden, sollten die Beziehungen möglichst gleichwertig sein und, wo das aus bestimmten Gründen nur schwer möglich ist, als legitim dargestellt und als veränderbar gestaltet werden. Auf das Management von Mergern auf Grundlage der Theorie der Sozialen Identität wird in Abschnitt 3.2.2 und Abschnitt 4.1 eingegangen.

Was hat nun die Forschung ergeben? Zunächst muss man unterscheiden zwischen Feldforschung und Laborforschung. In der *Feldforschung* werden, meist in Form von Mitarbeiterbefragungen nach der Fusion, die Einstellungen und Verhaltensweisen der Betroffenen gemessen. Dies hat den Vorteil, dass Probleme, die durch die Fusion entstehen, im realen Kontext beobachtet werden können und dass im Sinne der Organisation gegengesteuert werden kann. In der *Laborforschung* werden dagegen die Bedingungen, unter denen Fusionen stattfinden, in „virtuellen" Organisationen untersucht. Dies ist zwar von der Realität oft ziemlich weit entfernt, hat aber den Vorteil, dass nur so die theoretischen Annahmen über die Ursachen (hier: die unterschiedlichen Bedingungen) und Wirkungen (Einstellungen und Verhalten der Mitarbeiter) überprüft werden können.

Ergebnisse der Feldforschung

Terry und ihre Kollegen (Terry & Callan, 1998; Terry, Carey & Callan, 2001; Terry & O'Brien, 2001; Terry, 2001) haben eine ganze Reihe von Studien zur Überprüfung der theoretischen Annahmen in verschiedenen Organisationen vor und nach Mergern durchgeführt. Die Ergebnisse sollen kurz referiert werden.

In einer ersten Studie, die Terry und Callan (1998) an über 1.000 Angestellten zweier Krankenhäuser unmittelbar vor einer anstehenden Fusion durchgeführt haben, sollten die Einflüsse der unterschiedlichen Statusbeziehungen untersucht werden. Das eine der beiden Krankenhäuser war als großstädtische Universitätsklinik von hohem Status, das andere als Krankenhaus in einer kleineren Kreisstadt von eher niedrigem Status. Die Teilnehmer an der Studie beantworteten Fragen zu der Bedrohung, die sie durch die bevorstehende Fusion wahrnahmen, und sie sollten jeweils die eigene und die andere Organisation auf insgesamt neun Dimensionen bewerten. Drei der Dimensionen wurden in Vorgesprächen mit Mitarbeitern beider Organisationen als statusrelevant beschrieben (hohes Prestige in der Kommune, herausfordernde Arbeitsmöglichkeiten, große Patientenvielfalt). Die übrigen Dimensionen wurden als eher irrelevant für den Status eines Krankenhauses eingeschätzt (z. B. gute Kommunikation zwischen Mitarbeitern und Management, moderne Ausstattung der Patientenzimmer).

Die Theorie der Sozialen Identität würde annehmen, dass vor allem die Mitglieder statusniedriger Gruppen einen „Eigengruppenbias" zeigen, d. h. ihre eigene Gruppe positiver bewerten als die andere Gruppe, um dadurch ihren Selbstwert zu schützen, der durch die bevorstehende Fusion mit der statushöheren Organisation bedroht ist. Terry und Callan sagten vorher, dass die Mitarbeiter der statusniedrigeren Organisation ihre eigene Gruppe vor allem auf den Dimensionen als positiver beschreiben, die eher irrelevant für die Statusbeziehungen sind. Die Dimensionen, die statusrelevant sind, sollten dagegen weniger anfällig für einen Eigengruppenbias sein, weil die andere

34

Organisation ja auf diesen Dimensionen meist ganz objektiv besser dasteht (sonst wäre sie ja nicht „überlegen"). Die Ergebnisse entsprachen den Erwartungen: Insgesamt zeigten statushöhere Gruppen weniger Eigengruppenbias (sie müssen ja ihren Selbstwert nicht in besonderer Weise schützen, da die Fusion für sie eine geringere Gefahr darstellt) als statusniedrigere Gruppe. Angehörige der statusniedrigen Organisation zeigten vor allem auf den Dimensionen Eigengruppenbevorzugung, die weniger statusrelevant waren.

Ein ähnliches Phänomen wurde übrigens auch bei der „Fusion" der beiden Teile Deutschlands beobachtet (Blanz, Mummendey, Mielke & Klink, 1998). Die Bewohner der neuen Bundesländer konnten kurz nach der Wiedervereinigung hinsichtlich ihres Einkommens, Lebensstandards oder der Arbeitslosigkeitszahlen im Durchschnitt als statusniedrige Gruppe im Vergleich zu den Westdeutschen eingeschätzt werden. In Befragungen zeigte sich, dass die Ostdeutschen ihre eigene Gruppe als positiver gegenüber den Westdeutschen darstellten, dies aber auf Dimensionen, die statusirrelevant sind: „Die Westdeutschen sind zwar wirtschaftlich erfolgreicher, dafür haben wir die sozialere Einstellung und trennen den Müll sauberer".

In der nächsten Studie (Terry, Carey & Callan, 2001) an 365 Piloten und Ingenieuren zweier Fluggesellschaften nach einem Merger bestätigten sich die Ergebnisse der ersten Studie: Angehörige der statusniedrigeren Gruppe (eine inländische Gesellschaft) schätzten ihre eigene Organisation im Vergleich zu der statushöheren Organisation (eine international operierende Gesellschaft) als positiver auf statusirrelevanten Dimensionen ein. Zusätzlich wurde in dieser Studie gemessen, wie stark sich die Mitarbeiter mit der neuen Organisation nach dem Merger identifizierten und ob sie die Grenzen zwischen den beiden ursprünglichen Organisationen nach dem Merger als durchlässig wahrnahmen („Wenn Sie wollten, wie einfach wäre es für Sie, Tätigkeiten auszuführen, die vor dem Merger von Mitgliedern der anderen Gesellschaft durchgeführt worden sind?"). Wie erwartet identifizierten sich die Mitarbeiter der statusniedrigeren Organisation weniger mit der neuen Gesamtorganisation. Außerdem äußerten sie weniger Commitment und waren weniger zufrieden als die Angehörigen der statushöheren Organisation. Dies galt insbesondere für diejenigen Mitglieder, die die Grenzen als wenig durchlässig erlebten: Die wahrgenommene Permeabilität korrelierte positiv mit Zufriedenheit, Commitment und Identifikation.

Durchlässigkeit der Gruppengrenzen

Eine weitere Studie untersuchte die Vorhersagen der Theorie der Sozialen Identität in Bezug auf die Legitimität. Dazu befragten Terry und O'Brien (2001) 120 Angehörige einer Organisation, die aus einem kurz zuvor erfolgten Merger zwischen zwei Wissenschaftseinrichtungen hervorgegangen war, zu ihren Wahrnehmungen von Status, Legitimität, Identifikation, Arbeitszufriedenheit und der Einschätzung, ob beide Organisationen nach dem Merger Teil einer gemeinsamen, neuen Eigengruppe geworden sind. Die

Legitimität der Unterschiede

Angehörigen der statusniedrigeren Gruppe zeigten wiederum mehr Eigen-gruppenfavorisierung sowie weniger Zufriedenheit und Identifikation mit der neu entstandenen Organisation. Entsprechend den Vorhersagen der Theorie der Sozialen Identität zeigten Mitglieder der statusniedrigeren Gruppe aber dann positivere Einstellungen, wenn sie die Statusunterschiede als legitim wahrnahmen.

Van Knippenberg und Kollegen führten zwei Feldstudien durch, mit denen sie die Vorhersagen der Theorie der Sozialen Identität ebenfalls bestätigen und die Ergebnisse von Terry und Mitarbeitern replizieren konnten. In der ersten Studie (van Knippenberg, van Knippenberg, Monden & de Lima, 2002) an Mitarbeitern zweier Stadtverwaltungen, die durch eine Fusion zusammengelegt worden waren, zeigte sich, dass die Identifikation mit der Gesamtorganisation nach dem Merger bei den Angehörigen der statusniedrigeren Gruppe (in den Worten van Knippenbergs: „die dominierte Gruppe") geringer war als in der dominierenden, statushöheren Gruppe. In der zweiten Studie an Mitarbeitern einer fusionierten Weiterbildungsorganisation bestätigten sich die Ergebnisse. Van Knippenberg und van Leeuwen (2001) haben einige der Vorhersagen in ein Modell integriert, das in Abbildung 3 in erweiterter Form wiedergegeben ist.

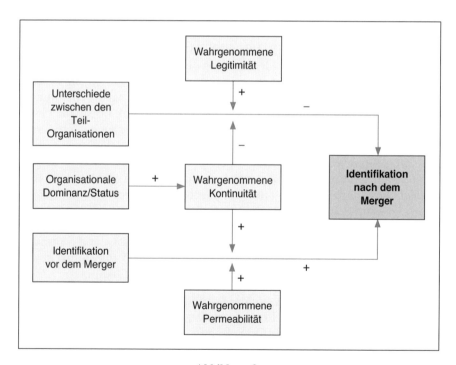

Abbildung 3:
Die Determinanten von Identifikation mit dem Gesamtunternehmen nach dem Merger (nach van Knippenberg & van Leeuwen, 2001, S. 256, Übersetzung des Verfassers)

Das Modell nimmt zunächst an, dass, neben dem Status bzw. den Dominanzbeziehungen zwischen den beiden Teil-Organisationen, Unterschiede zwischen den Teil-Organisationen und das Identifikationsniveau vor dem Merger einen Einfluss auf die Identifikation mit der neuen Organisation nach dem Merger haben. Wenn eine Person sich vor dem Merger stärker mit ihrer Organisation identifiziert, wird sie sich nach van Knippenberg und van Leeuwen auch mit der neuen Organisation stärker identifizieren, weil ja die alte Organisation Teil der neuen ist. Werden die Unterschiede zwischen den alten Organisationen nach dem Merger als groß wahrgenommen, kommt es weniger schnell zu dem Gefühl, einer gemeinsamen Organisation anzugehören, weil durch die Unterschiede die Existenz der beiden alten Organisationen salienter ist. Die Zusammenhänge zwischen diesen Determinanten und der Identifikation nach dem Merger werden vermittelt durch drei weitere Faktoren, nämlich einerseits nach van Knippenberg und van Leeuwen durch die Kontinuität, die die Mitglieder der Organisationen nach dem Merger wahrnehmen. Verändert sich durch den Merger wenig, steigt die Wahrscheinlichkeit, dass eine starke Identifikation mit der ursprünglichen Teil-Organisation auch in eine stärkere Identifikation mit der Post-Merger-Organisation übergeht. Ich habe das Modell durch Legitimität und Permeabilität der Beziehungen ergänzt, die theoretischen Zusammenhänge und empirischen Befunde zu diesen Variablen wurden oben bereits dargestellt. Hier sei angemerkt, dass sich eine höhere wahrgenommene Legitimität der Unterschiede und eine hohe wahrgenommene Permeabilität (d. h. Durchlässigkeit der Gruppengrenzen) positiv auf eine Identifikation nach dem Merger auswirken sollten.

Schließlich soll noch eine weitere Studie von Bachman (1993) erwähnt werden, weil hier das *Common Ingroup Identity Model* getestet wurde, das richtungsweisend für die Gestaltung von Mergern sein könnte (vgl. auch Gaertner, Bachman, Dovidio & Banker, 2001; González & Brown, 2006). Dieses Modell setzt die Vorhersagen der Theorie der Sozialen Identität in einen praktikablen Ansatz zur Überwindung von Problemen und Feindseligkeiten in Intergruppenprozessen um. Grob gesagt, werden in dem Modell die Bedingungen spezifiziert, mit denen durch Kontakt zwischen den Gruppenmitgliedern eine gemeinsame Gruppenidentität hergestellt werden kann. Bachman befragte 229 Führungskräfte in Banken, die Mergerprozesse durchlaufen hatten und fand Bestätigung für die Vorhersagen des Modells. In Abbildung 4 werden die Beziehungen zwischen den untersuchten Konzepten dargestellt und im Folgenden erläutert.

Das Modell beschreibt die folgenden Beziehungen zwischen den Merkmalen, die empirisch durch die Studie von Bachman (1993) größtenteils bestätigt wurden:
– Als Ergebnisvariable wurde die *Kündigungsabsicht* untersucht, diese wird direkt von der Identifikation mit der Organisation nach dem Merger beeinflusst: Je größer die Identifikation, desto geringer waren die Kündigungsabsichten. Außerdem werden Kündigungsabsichten direkt durch

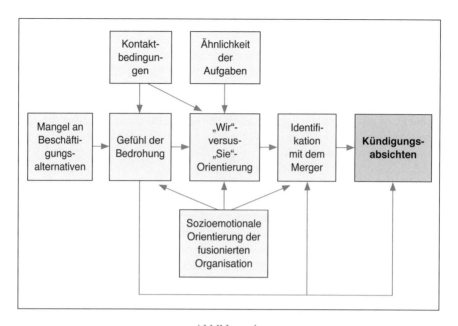

Abbildung 4:
Das Common Ingroup Identity Model im Kontext von Mergern
(nach Gaertner, Bachman, Dovidio & Banker, 2001, S. 275, Übersetzung des Verfassers)

die wahrgenommene Bedrohung beeinflusst: Je mehr der Merger als Bedrohung empfunden wird, desto größer sind die Kündigungsabsichten.

– Die *Identifikation* wird bestimmt durch eine „Wir"-versus-„Sie"-Orien-
tierung. Je mehr man sich mit seiner alten Organisation identifiziert
(„Wir") und diese als unterschiedlich im Vergleich zu der anderen Organisation („Sie") empfindet, desto geringer identifiziert man sich mit der
neuen Gesamtorganisation.

– Die *„Wir"-versus-„Sie"-Orientierung* wiederum wird beeinflusst durch
wahrgenommene Bedrohung (je größer die Bedrohung, desto stärker die
Orientierung „Wir" versus „Sie"), durch Kontakt (je mehr Kontakt die
Mitglieder der ursprünglichen Teil-Organisationen miteinander haben,
desto geringer ist diese Orientierung) und durch die Ähnlichkeit der Aufgaben. Allerdings war im Sinne der Theorie angenommen worden, dass
eine starke Ähnlichkeit in den Aufgaben, Produkten und Dienstleistungen eher eine stärkere „Wir"-versus-„Sie"-Orientierung erzeugen würde,
damit die Gruppenmitglieder ihre Distinktheit bewahren können. Es zeigt
sich aber das Gegenteil: Je ähnlicher man die Aufgaben etc. erlebt, desto
geringer wird die „Wir"-versus-„Sie"-Orientierung.

– Schließlich ist die Wahrnehmung der *sozioemotionalen Orientierung* der
Post-Merger-Organisation relevant. Unter sozioemotionaler Orientierung
verstehen Gaertner und Kollegen, dass sich die neue Organisation um das

38

Wohlergehen der Mitarbeiter kümmert, dass fair und transparent über die Prozesse im Rahmen des Mergers kommuniziert wird und dass die Organisation den Mitarbeitern Einflussmöglichkeiten zugesteht. Haben die Mitarbeiter den Eindruck, dass die Organisation eine solche positive sozioemotionale Orientierung zeigt, wird weniger Bedrohung wahrgenommen, entsteht eine geringere „Wir"-versus-„Sie"-Orientierung und schließlich steigt die Identifikation mit der Post-Merger-Organisation.

Van Dijk und van Dick (2009) konnten in einer qualitativen Untersuchung der Fusion von mehreren Anwaltskanzleien in Australien ein weiteres interessantes Phänomen aufzeigen: Mitarbeiterinnen und Mitarbeiter fühlen sich durch die Fusion in ihrer Identität bedroht und reagieren dadurch mit mehr Widerstand, als die Agenten des Wandels (meist die zweite Führungsebene, die die Fusionsstrategie in die Praxis umsetzen soll) erwarten. Diese wiederum fühlen sich durch den Widerstand in ihren eigenen Identitäten als Change-Agenten bedroht und gehen dann wiederum noch weniger offen mit Widerstand um – daraus ergibt sich eine Abwärtsspirale, die schwer zu unterbrechen ist.

Abwärtsspirale durch Widerstand

Lupina-Wegener, Schneider und van Dick (2011) zeigten in einer Studie an fast 1.000 Beschäftigten von zwei fusionierten Pharmaunternehmen, wie wichtig die Rolle von Permeabilität ist. Auch wenn eine Organisation deutlich größer war und entsprechend auch als dominant eingeschätzt wurde, konnten sich Angehörige beider Organisationen nach der Fusion mit dem neuen Unternehmen identifizieren, weil sie die Gruppengrenzen als durchlässig erlebten und wahrnahmen, gleichermaßen Zugang zu Ressourcen und gleiche Karrierechancen hatten.

Die Feldforschung zeigt also insgesamt eindrucksvoll in realen Kontexten, dass die Statusbeziehungen zwischen den Gruppen vor und nach dem Merger sowie die Wahrnehmung von Legitimität und Permeabilität mit Identifikation, Eigengruppenfavorisierung und Arbeitszufriedenheit zusammenhängen. Das Problem bei Feldstudien ist jedoch, dass Ursache und Wirkung nicht auseinandergehalten werden können: Identifiziert sich ein Mitarbeiter weniger mit der Organisation nach dem Merger, *weil* er die Statusbeziehungen als illegitim wahrnimmt, oder ist es umgekehrt? Ist ein Mitarbeiter deshalb zufrieden, *weil* er die Gruppengrenzen als permeabel erlebt, oder ist eher die Zufriedenheit die Ursache und deshalb nimmt man auch die Grenzen zwischen den Teil-Organisationen als durchlässiger wahr? Für den Praktiker ist es aber von entscheidender Bedeutung, die Ursache-Wirkungs-Beziehungen zu kennen. Denn nur wenn er weiß, wo die Ursachen liegen, kann er diese Ursachen gezielt mit entsprechenden Maßnahmen fördern oder beseitigen. Deshalb sollen im Folgenden einige Resultate der Laborforschung präsentiert werden, die durch Herstellung entsprechender Randbedingungen und durch systematische Variation klare Aussagen über die Kausalität erlauben.

Die Feldforschung belegt die Einflüsse der theoretischen Annahmen

Ergebnisse der Laborforschung

Die erste Studie, die im Labor die Vorhersagen der Theorie der Sozialen Identität in Bezug auf „Fusionsprozesse" getestet hat, wurde von Haunschild, Moreland und Murrell (1994) durchgeführt. Es wurden zwei Bedingungen variiert: In einer „nominalen" Zweiergruppe (Kontrollgruppe) arbeiteten zwar zwei Personen gleichzeitig in einem Raum, aber jeder der beiden Teilnehmer bearbeitete die Aufgabe für sich allein. In der Merger-Bedingung arbeiteten die beiden Teilnehmer in einer echten Dyade, indem sie über die Lösung diskutieren und sich auf eine gemeinsame Lösung einigen sollten. Anschließend wurden die beiden Personen mit einer anderen Dyade zusammengebracht und bearbeiteten die Aufgabe erneut – diesmal immer gemeinsam. In der Merger-Bedingung zeigte sich mehr Eigengruppenfavorisierung als bei den Personen, die zuvor nur in Nominalgruppen gearbeitet hatten – und die ja kein echtes Gruppengefühl entwickeln konnten.

Einfluss der Kontinuität Van Knippenberg und van Leeuwen (2001; van Leeuwen, van Knippenberg & Ellemers, 2003) ließen ihre Versuchspersonen glauben, dass sie Mitglied einer von zwei Vier-Personen-Gruppen wären, nämlich einer „blauen" bzw. „roten" Gruppe. Alle Personen wurden der „blauen Gruppe" zugeteilt, eine „rote Gruppe" gab es in Wirklichkeit nicht. Dann sollten computervermittelt Brainstorming-Aufgaben bearbeitet werden. Jede Versuchsperson sah auf ihrem Monitor die eigene Gruppenzugehörigkeit (blaue Gruppe), und es wurde ihr mitgeteilt, dass zur Auswertung für jede Gruppe eine gemeinsame Datei mit den Ergebnissen angelegt werden würde. Nachdem die Teilnehmer jeweils allein die Aufgabe bearbeitet hatten, wurden sie mit einem Fragebogen nach ihrer Identifikation mit der „blauen Gruppe" befragt. Eine Hälfte der Versuchspersonen bearbeitete anschließend eine zweite Brainstorming-Aufgabe und wurde dann noch einmal nach ihrer Identifikation gefragt *(Kontrollbedingung)*. Der anderen Hälfte *(Merger-Bedingung)* wurde mitgeteilt, dass sie die nächste Aufgabe mit den drei übrigen Mitgliedern der „blauen Gruppe" und vier weiteren Personen aus der „roten Gruppe" bearbeiten würden, anschließend wurden sie nach ihrer Identifikation mit der neuen Gruppe (bestehend aus acht Personen) gefragt. Es zeigte sich, dass die Identifikation der Teilnehmer in der Kontrollgruppe nach der zweiten Aufgabe stark mit der Identifikation zum ersten Zeitpunkt korrelierte, während der Zusammenhang in der Merger-Bedingung sehr viel schwächer war. Dieses Ergebnis bestätigt die Annahmen zur Kontinuität in dem Modell aus Abbildung 3 (siehe S. 36) – wenn Diskontinuität erlebt wird, sinkt die Identifikation im Vergleich zur Kontinuitätsbedingung.

In einem weiteren Experiment (van Leeuwen et al., 2003, Experiment 2) wurde die gleiche Versuchsanordnung gewählt, aber drei Merger-Bedingungen miteinander verglichen. Dabei wurde variiert, inwieweit die Gruppe vor dem Merger in der Post-Merger-Gruppe repräsentiert war. In der *Bedingung mit niedriger Kontinuität* wurde den Teilnehmern (die vorher alle in einer „blauen Gruppe" waren) gesagt, der Computer hätte zufällig ausgelost, dass die „blaue Gruppe" für die zweite Aufgabe komplett aufgelöst werden würde und die Versuchsperson nun zu einer „roten Gruppe", bestehend aus acht Personen, gehören würde. In der *Bedingung mit hoher Kontinuität* wurden umgekehrt Mitglieder der ehemals „roten Gruppe" zu einer nun „blauen Gruppe", bestehend aus acht Personen, zugeteilt. In der *Bedingung mit ausgewogener Repräsentation* wurde den Versuchspersonen gesagt, die „blaue Gruppe" würde nun gemeinsam mit drei weiteren Mitgliedern der „blauen Gruppe" und mit vier Mitgliedern der „roten Gruppe" in einer neuen „violetten Gruppe" aus acht Personen arbeiten. In den Bedingungen mit ausgewogener und hoher Repräsentation der ursprünglichen „blauen Gruppe" zeigte sich ein hoher Zusammenhang zwischen der Identifikation vor und nach dem Merger, während in der Bedingung mit geringer Repräsentation kein Zusammenhang zwischen dem Grad an Identifikation vor und nach dem Merger bestand.

Giessner, Viki, Otten, Terry und Täuber (2006) konnten in einer Serie von drei Laborexperimenten zeigen, dass Mitglieder statusniedriger Gruppen Fusionsmodelle präferieren, bei denen entweder beide Partner gleichberechtigt in der neuen Organisation aufgehen oder sich die Organisation komplett neu erfindet (*Transformation* – die „violette Gruppe" in der obigen Studie). Mitglieder des statushöheren Partners dagegen bevorzugen Integrationsmuster, bei denen entweder die kleinere Organisation auch nur zu ihrem entsprechend kleineren Anteil in der neuen Organisation berücksichtigt wird oder die kleinere Organisation „einfach" in der neuen aufgeht. Das letztere Muster nennt man *Assimilation*, und es ist die wohl häufigste Strategie in der Praxis. In einer Studie von Gleibs, Täuber, Viki und Giessner (2013) konnten diese Ergebnisse auch im Feld in einer Fusion zweier Bildungseinrichtungen bestätigt werden.

Transformation

Insgesamt bestätigt mit diesen Ergebnissen auch die Laborforschung die Annahmen des Social Identity Approach. Status, Legitimität und Stabilität der Beziehungen vor und nach dem Merger bestimmen Einstellungen und Identifikation der Mitarbeiter. Die Übereinstimmung der Befunde zwischen Labor- und Feldforschung erlaubt nun die Ableitung von Maßnahmen, durch die Merger effektiver gemanagt werden können. Einige dieser Maßnahmen werden in Abschnitt 4.1 besprochen.

2.4.3 Trennung von Identifikation und Commitment

Neben den Studien von van Knippenberg und Sleebos (2006), auf die ich in Abschnitt 1.2 eingegangen bin, haben meine Kollegen und ich auch selbst untersucht, ob sich die beiden Konzepte der Identifikation und des Commitment tatsächlich empirisch trennen lassen. In einer ersten Befra-

Unterscheidung zwischen Identifikation und Commitment – zwei Studien in Nepal

41

gung von 103 Angestellten verschiedener Organisationen in Nepal konnten wir zeigen, dass sich eine aus zwei Aussagen bestehende Identifikationsskala von den drei Skalen zu affektivem, normativem und fortsetzungsbezogenem Commitment von Meyer und Allen (1997) unterscheiden lässt (Gautam, van Dick & Wagner, 2001). Darüber hinaus konnten mit der verwendeten Identifikationsskala Arbeitszufriedenheit und Kündigungsabsichten besser erklärt werden als mit den verschiedenen Commitment-Skalen.

In einer zweiten größeren Studie (Gautam et al., 2004), die ebenfalls in Nepal mit 450 Mitarbeitern unterschiedlicher Organisationen durchgeführt wurde, benutzten wir eine längere Skala zur Messung von Identifikation, nämlich die 25 Items umfassende Skala von Cheney (1983). Zusätzlich zu den Skalen von Meyer und Allen wurde noch der Fragebogen zur Erfassung von Commitment von Porter und Kollegen (1974) eingesetzt. Zunächst wurde die Identifikationsskala für die weitere Auswertung „bereinigt": Nach einer Befragung internationaler Experten wurden nur diejenigen Aussagen zur Bildung eines Identifikationsmaßes zusammengefasst, die tatsächlich Identifikation und nicht andere Konzepte (Kündigungsabsichten, Involvement etc.) erfragten. Auch in dieser Studie konnten wir belegen, dass Identifikation und Commitment zwar zusammenhängen, sich aber auch differenzieren lassen. Außerdem hatte die Identifikation einen Einfluss auf bestimmtes Extra-Rollenverhalten, nämlich auf die Hilfsbereitschaft gegenüber Kollegen, die die verschiedenen Formen von Commitment nicht hatten.

2.4.4 Evidenz für die förderlichen Aspekte von Identifikation für die Organisation: Leistung, Extra-Rollenverhalten, Kündigung

In den letzten Jahren verfolgten meine Kollegen und ich einen generalistischen Zugang in das Feld der Identifikation in Organisationen. Es wurden sowohl Befragungen als auch Laborexperimente durchgeführt. Die Befragungen wurden an Studierenden, Lehrkräften sowie Angehörigen unterschiedlicher Berufsgruppen sowohl in Deutschland als auch im Ausland (Nepal und Expatriates in verschiedenen Ländern) durchgeführt. Die Befragungen erbrachten starke Unterstützung der theoretischen Annahmen, d. h. die postulierte Trennung von Dimensionen und Foci der Identifikation wurde bestätigt und die erwarteten Zusammenhänge zu arbeitsrelevanten Einstellungen und Verhaltensweisen konnten nachgewiesen werden.

Im ersten Experiment konnte ein kausaler Zusammenhang zwischen der Herstellung von hoher Gruppensalienz und Leistung sowie Identifikation mit der Gruppe nachgewiesen werden. Diese Studien werden im Folgenden detaillierter dargestellt (vgl. van Dick, 2004; van Dick, Wagner, Stellmacher, Christ & Tissington, 2005).

Zusammenhänge zwischen Identifikation und arbeitsrelevanten Einstellungen und Verhaltensweisen

Van Dick, Wagner und Mitarbeiter haben eine ganze Reihe von Studien im Lehrerberuf durchgeführt, in denen die theoretischen Überlegungen schrittweise getestet werden sollten. In der ersten Studie wurden vier Fragen zur Identifikation mit dem Lehrerberuf gestellt (van Dick & Wagner, 2002, Studie 1). Es zeigte sich, dass Lehrerinnen und Lehrer, die sich stärker mit ihrem Beruf identifizierten, weniger körperliche Beschwerden äußerten, die Arbeit als interessanter wahrnahmen, zufriedener mit der Arbeit insgesamt und auch mit den Entfaltungsmöglichkeiten waren und stärker intrinsisch motiviert waren. In der zweiten Studie (van Dick & Wagner, 2002, Studie 2) wurden dann zusätzliche Fragen aufgenommen, mit denen verschiedene Facetten der Identifikation erfasst werden sollten. Kognitive, affektive und evaluative Berufsidentifikation sowie zwei Dimensionen der Identifikation mit dem Team konnten unterschieden werden und waren in unterschiedlichem Ausmaß mit verschiedenen Kriterien korreliert. Affektive Identifikation mit dem Lehrerberuf war zum Beispiel der beste Prädiktor für Kündigungsabsichten, körperliche Beschwerden und Extra-Rollenverhalten (OCB). Mit Teamidentifikation konnten dagegen Fehlzeiten vorhergesagt werden. Letzterer Befund ist interessant, weil sich das Fehlen auf die unmittelbaren Kollegen auswirkt, die dann Vertretungsstunden und Ähnliches organisieren müssen, nicht aber auf den Lehrerberuf an sich. Insofern stimmt das Ergebnis mit der Theorie überein, dass Identifikation mit einer bestimmten Kategorie sich vor allem auf die Einstellungen und Verhaltensweisen auswirkt, die am engsten mit den Normen und Zielen dieser Kategorie assoziiert sind (siehe das auf S. 28 erläuterte *matching principle* von Ullrich et al., 2007).

Auswirkung der Identifikation im Lehrerberuf

In einer weiteren Studie an 515 Lehrerinnen und Lehrern fanden wir diesen Befund bestätigt. Christ, van Dick, Wagner und Stellmacher (2003) konnten zeigen, dass Lehrer, die sich mit der eigenen Karriere identifizieren, vor allem solche OCB-Verhaltensweisen zeigen, die zwar auch der Schule und dem Team zugutekommen können, die aber vor allem der eigenen Weiterqualifikation dienen (z. B. der Besuch von Fort- und Weiterbildungen, die Beschäftigung mit neuen Unterrichtskonzepten). Dagegen war die Teamidentifikation besonders eng assoziiert mit OCB gegenüber Kollegen und die Identifikation mit der Schule mit OCB gegenüber der Schule (Vorbereitung von Schulfesten, Mitarbeit in Konferenzen). Allerdings zeigte sich auch ein Einfluss der Schulgröße: An kleinen Schulen (mit weniger als

22 Lehrkräften) war der „Teameffekt" geringer ausgeprägt als in großen Schulen (mit mehr als 69 Lehrkräften). Dieser Befund erklärt sich leicht dadurch, dass an kleinen Schulen Team und Kollegium gleichgesetzt werden können.

In einer Mehrebenenanalyse ergab sich ein interessanter Zusammenhang zwischen dem (selbstberichteten) OCB der Schulleitungen und dem OCB der einzelnen Lehrerinnen und Lehrer: An Schulen, an denen der Schulleiter bzw. die Schulleiterin sich als engagierter beschrieben, war auch das Engagement der Lehrkräfte höher ausgeprägt (van Dick, Wagner, Stellmacher & Christ, 2001). Schließlich erwies sich in einer Diskriminanzanalyse die Karriereidentifikation als Faktor, der zwischen „guten" und „schlechten" Schulen trennen konnte. Gute Schulen waren im Vergleich zu „schlechten" Schulen gekennzeichnet durch höhere Arbeitszufriedenheit, geringere Fehltage und geringere Quoten vorzeitiger Pensionierung. Lehrer an guten Schulen nahmen das Teamklima positiver wahr und zeigten stärkere Karriereidentifikation (van Dick, Wagner, Stellmacher & Christ, 2005a).

Identifikation: Foci und Dimensionen

Diese Studie war Teil eines größeren Forschungsprojektes, in dem die Trennung der postulierten Foci und Dimensionen detaillierter untersucht werden sollte. In einer Befragung unter 89 Studierenden der Psychologie wurden – unseres Wissens nach zum ersten Mal in dieser Ausführlichkeit – alle vier Dimensionen (kognitiv, affektiv, evaluativ, behavioral) der Identifikation in Bezug auf verschiedene Foci (die eigene Karriere, Psychologie als Studienfach, das Studium) erfasst. Die Ergebnisse zeigen, dass sich die Dimensionen und Foci tatsächlich trennen lassen (van Dick et al., 2002). In der oben schon angesprochenen Studie konnten van Dick, Wagner, Stellmacher und Christ (2004) auch für Lehrerinnen und Lehrer demonstrieren, dass sich die vier Dimensionen und verschiedene Foci (hier: die Karriere, das Team, die Schule, die Berufsgruppe) trennen lassen.

Neben den bereits beschriebenen unterschiedlichen Auswirkungen auf das OCB gab es einige weitere interessante Ergebnisse. So korrelierte das Teamklima am stärksten mit der Teamidentifikation, ebenso die Unterstützung durch Kollegen. Dagegen hing die Schulidentifikation am stärksten mit der Unterstützung durch die Schulleitung zusammen und die Identifikation mit der Berufsgruppe am engsten mit der Arbeitszufriedenheit. Auch die Dimensionen waren ganz unterschiedlich mit den verschiedenen Merkmalen assoziiert. Wir waren aufgrund der bisherigen Befunde und der engen Verbindung zwischen affektivem Commitment und Identifikation eher davon ausgegangen, dass die affektive Identifikation den besten Prädiktor darstellen würde. Es zeigte sich aber, dass die kognitive Identifikation mit den meisten Merkmalen am stärksten korreliert war

(z. B. mit Teamklima, sozialer Unterstützung oder Arbeitszufriedenheit). Die anderen Komponenten zeigten ihrerseits unterschiedliche Zusammenhänge zu einzelnen Merkmalen (evaluative Identifikation korrelierte z. B. mit der Zufriedenheit mit dem Gehalt, affektive Identifikation mit Kündigungsabsichten und behaviorale Identifikation mit der Teilnahme an Fortbildungen).

Identifikation, Arbeitszufriedenheit und Kündigungsabsichten

Anhand der oben beschriebenen Stichprobe von Lehrerinnen und Lehrern sowie an drei weiteren Stichproben von Bankkaufleuten und Call-Center-Agenten (van Dick, Christ, Stellmacher, Wagner, Ahlswede, Grubba, Hauptmeier, Höhfeld, Moltzen & Tissington, 2004) haben wir den Zusammenhang zwischen Identifikation, Arbeitszufriedenheit und Kündigungsabsichten genauer untersucht. In einer ähnlichen Studie haben de Moura, Abrams, Retter, Gunnarsdottir und Ando (2009) zwei alternative Modelle postuliert und überprüft wurden. Beide Modelle sind in Abbildung 5 dargestellt.

Identifikation und Arbeitszufriedenheit: direkte und indirekte Zusammenhänge mit Kündigungsabsichten

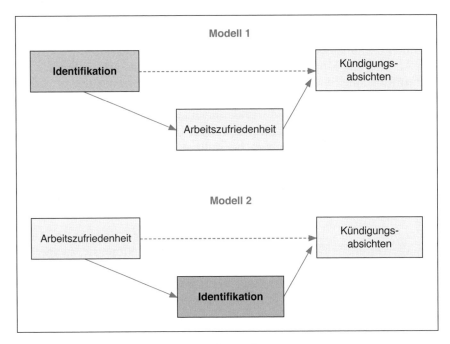

Abbildung 5:
Mögliche Zusammenhänge zwischen Identifikation, Arbeitszufriedenheit und Kündigungsabsichten (Abbildung nach Abrams & Randsley de Moura, 2001, S. 144, modifiziert und übersetzt vom Verfasser)

45

In Modell 1 in Abbildung 5 wird angenommen, dass Arbeitszufriedenheit einen Aspekt des allgemeinen Wohlbefindens darstellt und durch Identifikation beeinflusst wird. Demnach wäre Arbeitszufriedenheit ein Prädiktor, der Kündigungsabsichten direkt erklären und vorhersagen kann. Identifikation wäre auf der anderen Seite eine wichtige Variable, die die Zufriedenheit an sich beeinflusst. In Modell 2 wird angenommen, dass Identifikation das Merkmal ist, durch das die Kündigungsabsichten direkt beeinflusst werden. Identifikation wiederum wird erklärt durch die Arbeitszufriedenheit. In beiden Modellen werden direkte Einflüsse von Identifikation (in Modell 1) bzw. Arbeitszufriedenheit (in Modell 2) nicht ausgeschlossen, aber vermutet, dass sie weniger stark sind, daher als gestrichelte Pfeile dargestellt.

De Moura und Mitarbeiter (2009) fanden nun in fünf Stichproben (u. a. wissenschaftliche Mitarbeiter einer Universität, Krankenhauspersonal, Mitarbeiter der Post), dass sich eher Modell 2 in den Daten widerspiegelte, allerdings mit großen Unterschieden zwischen den Befragten der unterschiedlichen Branchen. In unserer eigenen Untersuchung (van Dick, Christ et al., 2004) wurde eher Modell 1 bestätigt, aber auch hier gab es große Unterschiede zwischen den Stichproben. Die Befunde sind zwar sehr unterschiedlich und es muss sicherlich noch weitere Bestätigung für das eine oder das andere Modell gefunden werden, bevor man abschließend sagen kann, wie die Zusammenhänge genau aussehen. Andererseits zeigen die Arbeiten von Abrams und Mitarbeitern und unsere eigenen Ergebnisse, dass die Arbeitszufriedenheit nicht allein für die Absicht, die Organisation zu verlassen, verantwortlich ist. Identifikation spielt neben der Arbeitszufriedenheit eine entscheidende Rolle für die Erklärung und Vorhersage von Kündigungsabsichten, entweder direkt (Modell 2) oder indirekt, indem Identifikation zunächst die Arbeitszufriedenheit beeinflusst und sich dann in stärker oder schwächer ausgeprägten Kündigungsabsichten niederschlägt (Modell 1). Daraus kann man ableiten, dass Identifikation für die Reduzierung von Fluktuation in Unternehmen in jedem Fall einen wichtigen Faktor darstellt.

In der Studie von van Dick, Christ et al. (2004) war es darüber hinaus möglich, die Gruppen in den Ausprägungen von Identifikation usw. zu vergleichen. Dies ist üblicherweise nur eingeschränkt möglich, weil in verschiedenen Untersuchungen oft unterschiedliche Formulierungen verwendet werden oder die Fragen mit unterschiedlichen Antwortmöglichkeiten, Instruktionen etc. präsentiert werden. Wir haben deshalb in allen Stichproben exakt den gleichen Fragebogen verwendet. Gefragt wurde in allen Stichproben nach der Identifikation mit der eigenen Karriere, dem Team und dem Unternehmen (bzw. in der Lehrerstichprobe nach der Identifikation mit Karriere, Team und dem Lehrerberuf, vgl. den Fragebogen zur Identifikation auf der beiliegenden Karte).

Wir hatten erwartet, dass die Identifikation mit der Karriere für Lehrerinnen und Lehrer die geringste Rolle spielen würde, weil – im Vergleich zu Bankkaufleuten und Call-Center-Agenten – erstens relativ geringe Aussichten auf Beförderung im Lehrerberuf bestehen und zweitens Karriereambitionen unter Pädagogen nicht unbedingt sozial erwünscht sind. Dagegen sollte die Identifikation mit dem Lehrerberuf im Vergleich zur Karriereidentifikation höher ausfallen, weil es unter Lehrern ein hohes Berufsethos geben dürfte (vgl. van Dick, 2006). Für Bankkaufleute und Call-Center-Agenten hatten wir im Vergleich zu Lehrkräften eine höhere Identifikation mit dem Team erwartet, weil diese im Vergleich zu Lehrern eher in Arbeitsgruppen an gemeinsamen Projekten arbeiten, während Lehrer den Großteil ihrer Arbeitszeit individuell mit ihren Schülern im Klassenzimmer verbringen. Die Ergebnisse bestätigten größtenteils unsere Hypothesen. In Abbildung 6 sind die unterschiedlichen Foci der Identifikation für die einzelnen Stichproben dargestellt.

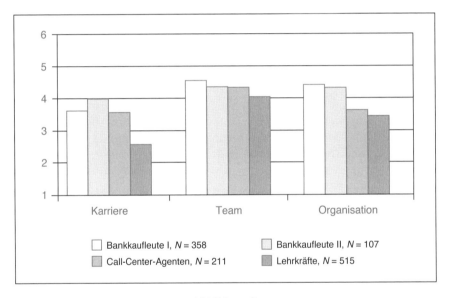

Abbildung 6:
Foci der Identifikation in unterschiedlichen Berufsgruppen (Anmerkung: Identifikation mit der Organisation bedeutet für Lehrkräfte die Identifikation mit dem Lehrerberuf)

Wie in der Abbildung zu erkennen ist, war bei Lehrern – im Vergleich zu Bankkaufleuten und Call-Center-Agenten – die Karriereidentifikation wie erwartet besonders niedrig ausgeprägt. Ebenfalls identifizierten sich Lehrerinnen und Lehrer weniger mit ihrem Team als Angehörige der anderen Gruppen. Schließlich identifizierten sich Lehrkräfte stärker mit Team und Beruf als mit ihrer Karriere.

Identifikation als Prädiktor für Arbeitszufriedenheit und Kündigungsabsichten: Ist das Gehalt entscheidender?

Wenn wir unsere Ergebnisse an Unternehmen rückmelden oder sie öffentlich vorstellen, kommt häufig die Frage, ob denn Identifikation tatsächlich eine so wichtige Determinante für arbeitsrelevante Einstellungen und Verhaltensweisen ist und ob nicht andere Faktoren, wie zum Beispiel die Endsumme unter der Gehaltsabrechnung, viel mehr Einfluss haben. Tom Tyler und Mitarbeiter (Tyler, 1999; Tyler & Blader, 2000; Blader & Tyler, 2009) haben in umfangreichen Untersuchungen herausgefunden, dass es Identitätsaspekte (Stolz auf die Organisation und Respekt, den der Mitarbeiter von der Organisation bekommt) sind, die kooperatives Verhalten in Gruppen besser erklären und vorhersagen als die Bewertung der Ressourcen, die man von der Organisation bekommt. Wie schon in Abschnitt 1.2 dargestellt wurde, handelt es sich an dieser Stelle auch um ein wichtiges Unterscheidungsmerkmal zwischen Identifikation (die sich u. a. durch Stolz und Respekt entwickelt) und Commitment (das eher austauschbasiert entsteht).

Daher habe ich an eigenen Datensätzen analysiert, ob ein klassisch austauschbasierter Prozess, nämlich die Zufriedenheit mit dem Gehalt, besser als Identifikation geeignet ist, Arbeitszufriedenheit und Kündigungsabsichten vorherzusagen. In Tabelle 2 sind die Zusammenhänge zwischen diesen Variablen dargestellt. Die Koeffizienten bezeichnen das Ausmaß, in dem die jeweiligen Merkmale zusammenhängen, die Symbole (Kreuze und Sternchen) geben an, wie zuverlässig der Zusammenhang ist. Irrtumswahrscheinlichkeiten von 5 Prozent ($p < .05$) und 1 Prozent ($p < .01$) kennzeichnen signifikante bzw. hochsignifikante Zusammenhänge, bei einer Irrtumswahrscheinlichkeit von 10 Prozent ($p < .01$) spricht man von tendenziellen Zusammenhängen.

In Tabelle 2 ist zu erkennen, dass Identifikation bei allen Berufsgruppen sowohl mit der Arbeitszufriedenheit als auch mit Kündigungsabsichten zusammenhängt. Dabei hängt die Karriereidentifikation nur sehr gering, die Teamidentifikation etwas stärker und die Identifikation mit der Organisation insgesamt ganz beträchtlich mit beiden Kriterien zusammen. In allen Stichproben sind die Zusammenhänge zwischen organisationaler Identifikation und beiden Kriterien deutlich enger als die Zusammenhänge zwischen der Zufriedenheit mit dem Gehalt und den Kriterien. Bei den Lehrkräften spielt die Zufriedenheit mit dem Gehalt überhaupt keine Rolle zur Erklärung von Arbeitszufriedenheit und Kündigungsabsichten. Dies ist wohl zum Teil damit zu erklären, dass Lehrerinnen und Lehrer ausschließlich nach ihrem Dienst- und Lebensalter vergütet werden. Jeder Lehrer weiß genau, was er 10 Jahre später verdienen wird, d. h. es gibt keine enttäuschten Erwartungen über ausbleibende Gehaltserhöhungen und keinen Neid

Tabelle 2:
Zusammenhänge zwischen Identifikation und Zufriedenheit mit dem Gehalt einerseits
und Arbeitszufriedenheit und Kündigungsabsichten andererseits

	Arbeits-zufriedenheit	Kündigungs-absichten
Bankkaufleute, Studie 1		
Identifikation mit der Karriere	.09[+]	.00
Identifikation mit dem Team	.34**	−.27**
Identifikation mit der Organisation	.45**	−.38**
Zufriedenheit mit dem Gehalt	.28**	−.26**
Bankkaufleute, Studie 2		
Identifikation mit der Karriere	.12	−.03
Identifikation mit dem Team	.32**	−.24*
Identifikation mit der Organisation	.50**	−.43**
Zufriedenheit mit dem Gehalt	.28**	−.41**
Call-Center-Agenten		
Identifikation mit der Karriere	.13[+]	−.10
Identifikation mit dem Team	.43**	−.27**
Identifikation mit der Organisation	.44**	−.40**
Zufriedenheit mit dem Gehalt	.35**	−.31**
Lehrkräfte		
Identifikation mit der Karriere	.17**	−.09[+]
Identifikation mit dem Team	.28**	−.21**
Identifikation mit der Schule	.36**	−.25**
Zufriedenheit mit dem Gehalt	.08	−.03

Anmerkungen: [+] $p < .10$; * $p < .05$; ** $p < .01$

zwischen Kollegen, weil jeder Lehrer, zumindest innerhalb einer Schulform,
dasselbe verdient. Bei Bankkaufleuten und Call-Center-Agenten sind die
Zusammenhänge zwischen der Identifikation und den Kriterien zum Teil
fast doppelt so groß wie die Zusammenhänge zwischen der Zufriedenheit
mit dem Gehalt und den Kriterien.

Das bedeutet, dass man mit der Zufriedenheit mit dem Gehalt nur etwa 7
bis 10 Prozent der Unterschiede zwischen den Befragten in Arbeitszufriedenheit und Kündigungsabsichten erklären kann, dagegen können mit or-

ganisationaler Identifikation ca. 20 Prozent Varianz der Kriterien erklärt werden. Statistisch, aber auch praktisch ist dies ein beachtlicher Unterschied. Bei 200 Mitarbeitern, von denen sich die eine Hälfte hoch, die andere Hälfte schwach mit der Organisation identifiziert, würde eine Korrelation zwischen Identifikation und Kündigungsabsichten von zum Beispiel .20 bedeuten, dass in der einen Gruppe 40 Mitarbeiter, in der anderen 60 Mitarbeiter Kündigungsabsichten haben.

Identifikation als Kriterium für den Erfolg von Expatriates

Bedingungen für eine Identifikation mit dem Team im Ausland und Auswirkungen auf den Erfolg von Expatriates

Schließlich soll eine weitere Studie (Stierle, van Dick & Wagner, 2002) vorgestellt werden, in der wir Identifikation bei Expatriates erfasst haben und bei der Identifikation eine etwas andere Rolle spielt als in den bislang dargestellten Studien. Befragt wurden 126 Manager eines global operierenden deutschen Konzerns, die sich in 41 verschiedenen Staaten des europäischen und außereuropäischen Auslands befanden. Die durchschnittliche Dauer der Auslandsentsendung betrug zum Zeitpunkt der Befragung 32 Monate.

Ziel der Untersuchung war es, Kriterien für Erfolg und Misserfolg der Auslandsentsendung zu ermitteln. Als mögliche Einflussfaktoren wurden sowohl Persönlichkeitsvariablen als auch eine Reihe von sozialpsychologischen Konzepten, wie Stabilität der Partnerschaft und Zufriedenheit des Partners mit der Situation im Ausland, Kontakt zu Mitgliedern der einheimischen Gesellschaft und Akkulturationseinstellungen erhoben. Als Kriterien für Erfolg und Misserfolg wurden selbst- und fremdeingeschätzte Leistungsvariablen erfragt, außerdem die Adaptation an die fremde Situation sowie die Zufriedenheit mit Job und Tätigkeit. Schließlich wurde die Identifikation mit dem Team im Ausland erfasst. Im Unterschied zu den vorhergehenden Studien wird Identifikation hier zunächst als Kriterium (und nicht als Prädiktor) für Erfolg aufgefasst, weil die Identifikation mit dem Team im Ausland sich ja erst während des Auslandseinsatzes entwickeln kann.

Unsere Hypothese war, dass Manager, die positivere Akkulturationseinstellungen im Sinne der Befürwortung einer multikulturellen Gesellschaft haben (vgl. van Dick, Wagner, Adams & Petzel, 1997), sich auch besser im Ausland zurechtfinden und sich eher mit der fremden Arbeitsgruppe identifizieren können, weil sie mit ausländischen Kollegen besser zurechtkommen. Diese Hypothese wurde bestätigt. Es gab einen signifikanten Zusammenhang zwischen (positiven) Akkulturationseinstellungen und Identifikation. Außerdem korrelierte Identifikation mit verschiedenen anderen Kriterien in dem Sinne, dass stärker identifizierte Manager sich auch insgesamt besser an die neue Situation angepasst fühlten, zufriedener mit ihren Aufgaben waren und auch ihre Leistung selbst positiver einschätzten. In Abbildung 7 sind die korrelativen Zusammenhänge grafisch dargestellt.

50

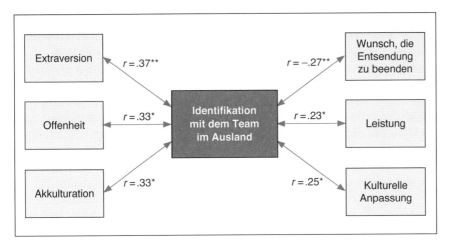

Abbildung 7:
Zusammenhänge zwischen Prädiktoren, Identifikation und Kriterien bei Expatriates
(* $p < .05$; ** $p < .01$; vgl. Stierle, van Dick & Wagner, 2002)

Identifikation ist flexibel und hängt vom Kontext ab

In allen bisherigen Studien haben meine Kollegen und ich Identifikation zu einem bestimmten Zeitpunkt erfasst und dann entweder die Auswirkungen hoher oder niedriger Identifikation betrachtet oder, in der Studie von Stierle und Mitarbeitern untersucht, welche Bedingungen zu Identifikation führen. In diesen Untersuchungen wurde aber nicht getestet, ob sich Identifikation über die Zeit verändern kann oder sich in unterschiedlichen Kontexten anders darstellt. Ein großer Vorzug des Social Identity Approach und im Besonderen der Selbstkategorisierungstheorie sind aber die Annahmen über die Variabilität von Identifikation.

Identifikation ist variabel und kontextabhängig

Die Theorie postuliert, dass je nach Situation unterschiedliche Aspekte der persönlichen oder sozialen Identität *salient* werden. Die Gruppenmitgliedschaft hat insbesondere dann Auswirkungen auf Einstellungen und Verhalten von Menschen, wenn sie hoch salient ist. Ist dagegen die Salienz der Gruppe niedrig oder die persönliche Identität hoch salient, wird man sich weniger von den Gruppennormen leiten lassen, sondern sich stärker an eigenen, persönlichen Standards orientieren. Die soziale Identität wird dann salient, wenn es zu Vergleichen mit relevanten anderen Gruppen kommt und insbesondere dann, wenn es zwischen der eigenen Gruppe und einer oder mehreren anderen Gruppen zu Konkurrenz und Wettbewerb kommt (vgl. Wagner, 2001). Genau in diesen Fällen sollte die Identifikation mit der Gruppe gesteigert sein und stärkere Auswirkungen auf das Verhalten der Gruppenmitglieder haben. Diese Zusammenhänge sollen an einem Beispiel verdeutlicht werden:

Salienz = Bedeutsamkeit bzw. Aktivierung bestimmter Kategorien

Vergleiche, Konkurrenz und Wettbewerb zwischen Gruppen steigern die Salienz und die Identifikation

Stellen Sie sich eine Gruppe von Führungskräften vor, die über das Angebot für einen neuen Auftrag diskutieren. Zunächst ist vielleicht die gemeinsame Identität als Mitglieder der Abteilung „Angebotserstellung" relevant und allen präsent und man wird aufgabenorientiert zusammenarbeiten. Jetzt kann es sein, dass es für den Auftrag wichtig ist, einen Projektkoordinator zu benennen. Wenn es für die weitere Karriere wichtig ist, solche Funktionen ausgeübt zu haben, wird die Diskussion über diesen Punkt in erster Linie durch die persönlichen Interessen der Manager bestimmt sein, d. h. die persönliche Identität ist salient. Je mehr man sich mit der eigenen Karriere identifiziert, umso mehr wird man versuchen, sich selbst in die Führungsposition zu bringen. Nun macht vielleicht jemand eine Bemerkung darüber, dass das Konkurrenzunternehmen ein besonderes Angebot unterbreiten wird. Dies wird nach der Theorie dazu führen, dass man sich wieder stärker mit der Gruppe identifiziert und sich möglichst stark vom Konkurrenten abgrenzen will. Und weil man besser sein will als der Konkurrent, kommt vielleicht eine Einigung über den Koordinator schneller zustande, weil eine bestimmte Person besonders gut geeignet ist. Die persönlichen Interessen der anderen Führungskräfte treten in den Hintergrund, weil die persönliche Identität weniger salient ist. Und jetzt stellen Sie sich schließlich noch vor, dass beim Beenden des Meetings jemand ganz locker einen Witz macht, in dem Männer-Frauen-Beziehungen eine Rolle spielen. Unmittelbar wird die Geschlechtszugehörigkeit der Führungskräfte eine Rolle spielen, die bis zu diesem Zeitpunkt völlig irrelevant war.

Es gibt einige empirische Belege für die Gültigkeit der theoretischen Annahmen (z. B. Brown, Condor, Matthews, Wade & Williams, 1986; Wagner & Ward, 1993). Erev, Bornstein und Galili (1993) konnten zum Beispiel zeigen, dass Erntehelfer auf Plantagen ihre individuelle Leistung verringerten, wenn sie auf Basis der durchschnittlichen Gruppenleistung bezahlt wurden. Dieser Leistungsabfall wurde aber kompensiert, wenn durch Extra-Prämien ein Wettbewerb *zwischen* den verschiedenen Gruppen eingeführt wurde (vgl. auch Bornstein & Erev, 1997). Zwei unserer eigenen aktuellen Studien zu diesem Bereich sollen hier kurz skizziert werden.

Labor-experimentelle Befunde zur Wirkung von Salienz auf Gruppenleistung

Van Dick, Stellmacher, Wagner, Lemmer und Tissington (2009) haben im Labor die Salienz der Gruppe manipuliert. Das erste Experiment wurde mit Studierenden durchgeführt, das zweite mit Lehrerinnen und Lehrern. Die Aufgabe war in beiden Fällen identisch: Die Teilnehmer sollten sich vorstellen, sie würden ein unangemessenes Verhalten bei Schülern beobachten (die Studierenden sollten sich vorstellen, sie wären Lehrer). Es wurden am Computer zwei solcher Situationen präsentiert („Ein Schüler behauptet, ein anderer Schüler habe ein Messer", „Ein Schüler zieht einer Schülerin den Rock hoch"). Dann sollten einige Minuten lang Ideen aufgeschrieben werden, was in einer solchen Situation getan werde könnte. Die Instruktion war die einer klassischen Brainstorming-Aufgabe, d. h., es sollten so viele Ideen wie möglich produziert werden, auch solche, die man persönlich nicht präferieren oder selbst ausführen würde. In der Studie mit den Studierenden wurde die Gruppensalienz tatsächlich durch die Sitzordnung etc. manipuliert, während dies in der Untersuchung mit den Lehrerkräften durch unterschiedliche Instruktionen am Computer geschah. In Abbildung 8 wird die Anordnung der Untersuchung dargestellt.

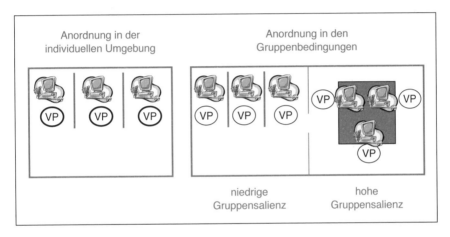

Abbildung 8:
Versuchsanordnung im Laborexperiment zur Identifikation

Eine Gruppe von drei Studierenden saß, durch Sichtblenden voneinander getrennt, in einem Raum und sollte zunächst ihre individuelle Versuchspersonennummer vom Bildschirm auf einen Fragebogen übertragen (*individuelle Bedingung*, linke Seite der Abbildung, VP=Versuchsperson). Diesen Personen wurde nur gesagt, sie sollten so viele Ideen wie möglich generieren. Sechs weitere Personen kamen gemeinsam in ein Labor, das aus zwei Räumen bestand (rechte Seite der Abbildung). Per Zufall wurden drei Personen in den linken Raum geführt, in dem sie, wie in der individuellen Bedingung, voneinander getrennt die Aufgaben bearbeiten sollten. Ihnen wurde gesagt, sie sollten die Gruppennummer notieren und dass die Ergebnisse der Gruppe zusammengefasst würden *(Gruppenbedingung mit niedriger Salienz)*. Die drei Personen der dritten Gruppe wurden schließlich in den rechten Raum geführt. Dort saßen sie um einen gemeinsamen Tisch herum vor ihren Computern, sodass sie sich sehen konnten, aber nicht den Bildschirm des jeweils anderen. Ihnen wurde gesagt, dass die Ergebnisse auf Gruppenebene zusammengefasst und mit der Gruppe im Nebenzimmer *verglichen* würden *(Gruppenbedingung mit hoher Salienz)*. Den Lehrern in dieser Bedingung wurde mitgeteilt, dass man die Ergebnisse der Schule mit denen anderer Schulen vergleichen würde. In den Abbildungen 9 und 10 sind die Ergebnisse dargestellt.

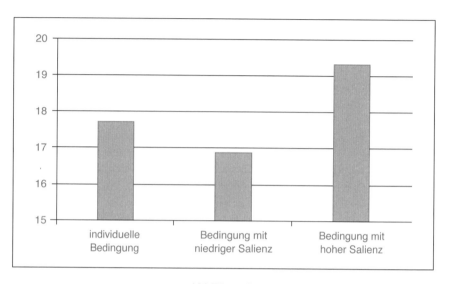

Abbildung 9:
Anzahl produzierter Ideen in Abhängigkeit von der Salienz der persönlichen und sozialen Identität (in der Gruppe der Lehrer)

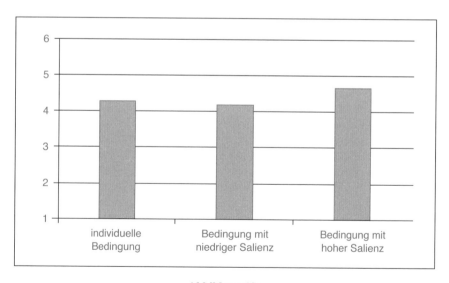

Abbildung 10:
Identifikation in Abhängigkeit von der Salienz der persönlichen und sozialen Identität (in der Gruppe der Lehrer)

Entsprechend unseren Erwartungen zeigte sich in beiden Untersuchungen, dass in den Gruppen mit geringer Salienz weniger Ideen produziert wurden (bei den Lehrern im Durchschnitt 16,5 Ideen) als in der individuellen Bedingung (bei den Lehrern durchschnittlich 18 Ideen) (vgl. Abbildung 9). Dies entspricht dem hinlänglich dokumentierten Phänomen des „*social loafing*", des sozialen Faulenzens: Wenn man in einer Gruppe arbeitet, in der die eigene Leistung nicht identifizierbar ist und in der die Gruppe nicht von besonderer Bedeutung ist, strengt man sich etwas weniger an, als wenn man allein arbeitet. In den Gruppen mit hoher Salienz verschwand dagegen nicht nur der Effekt des sozialen Faulenzens, sondern es wurden sogar mehr Ideen produziert als in der individuellen Bedingung (im Schnitt 19,2 Ideen). Dieser Befund hat eine ganz entscheidende praktische Bedeutung: Wenn man durch entsprechende Maßnahmen die Salienz der Gruppe steigert, leisten die einzelnen Gruppenmitglieder mehr, als wenn sie allein arbeiten und mehr als Mitglieder von Gruppen, die keine Bedeutung für die einzelnen Mitglieder haben. Diesen Effekt kann man – als Gegensatz zum „social loafing" – als „*social labouring*" (vgl. Haslam, 2004) oder „soziale Anstrengungsbereitschaft" bezeichnen. Ebenso war die Identifikation mit der Dreiergruppe in den Gruppen mit hoher Salienz erwartungsgemäß stärker ausgeprägt als in den beiden anderen Bedingungen (vgl. Abbildung 10).

Van Dick, Wagner, Stellmacher und Christ (2005b) haben in einer weiteren Befragung Lehrerinnen und Lehrern den Identifikations-Fragebogen aus den vorangegangenen Untersuchungen vorgelegt und mit unterschiedlichen Instruktionen versucht, die Salienz der Foci zu verändern. Im Vergleich zu einer Kontrollgruppe, die lediglich eine Standardinstruktion über die Inhalte der Untersuchung bekam, wurde zur Betonung der persönlichen Identität auf dem Titelblatt, in der Instruktion und in den Kopfzeilen jeder Seite des Fragebogens darauf hingewiesen, dass es in dieser Untersuchung um die Ermittlung von Unterschieden zwischen *einzelnen* Lehrerinnen und Lehrern gehen sollte. In zwei weiteren Bedingungen ging es entweder darum, dass angeblich unterschiedliche Schultypen (Gymnasium versus Grundschule) oder Berufsgruppen (Lehrer versus Erzieher) verglichen werden sollten. In Abbildung 11 sind die Ergebnisse dargestellt.

Für die einzelnen Bedingungen ergaben sich im Vergleich zur Kontrollgruppe zumindest teilweise die erwarteten Unterschiede: So war die Identifikation mit der Schule in der Bedingung, in der die Schule salient gemacht worden war, im Vergleich zur Kontrollgruppe deutlich erhöht. Ebenso identifizierten sich die Lehrerinnen und Lehrer stärker mit ihrem Beruf, denen gesagt wurde, sie würden mit einer anderen Berufsgruppe verglichen. Auch diese Befunde sind unmittelbar praxisrelevant, weil hiermit belegt wurde, dass sich die Betonung der Gruppenmitgliedschaft auf die Gefühle gegenüber der Gruppe auswirken kann.

Social Loafing = soziales Faulenzen

Social Labouring = soziale Anstrengungsbereitschaft

Aktivierung von sozialen Kategorien wirkt sich auf Identifikation mit den Kategorien aus

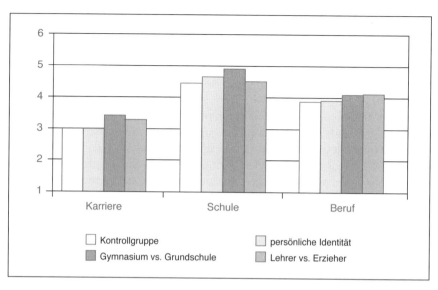

Abbildung 11:
Unterschiedliche Identifikationsniveaus in Abhängigkeit vom Kontext

Becker, Ullrich und van Dick (2013) haben in Bezug auf Commitment ein theoretisches Modell zur Variation von Commitment innerhalb der Person vorgeschlagen, das sich auch auf die Identifikation übertragen lässt. Danach hängt die momentane Bindung an das Team unter anderem von der momentanen Stimmung und den Emotionen der Person in der Situation ab. Diese wiederum werden beeinflusst sowohl von der Situation selbst als auch von der Persönlichkeit der Person. Manche Personen neigen zum Beispiel zu stärkeren Stimmungsschwankungen und entsprechend sollte auch ihre Identifikation variieren, wenn man sie mehrfach über die Woche messen würde. Die Situation andererseits kann sich durch vielfältige kleinere positive wie negative Ereignisse auszeichnen. In dem Moment, in dem man ein Lob von seiner Führungskraft bekommt, wird sich dies vermutlich auch positiv auf die Identifikation mit dem Team auswirken, während sich ein unangenehmes Erlebnis mit einem Kunden oder Kollegen negativ auswirken sollte – allerdings nicht auf die überdauernde, durchschnittliche Identifikation, aber auf das in dem Moment empfundene Gefühl der Bindung.

Auch hierfür gibt es einen empirischen Beleg. Ketturat, Frisch, Ullrich, Häusser, van Dick und Mojzisch (2016) haben Bewerberinnen und Bewerber für ein Sportstudium am Tag ihrer Aufnahmeprüfungen untersucht. Am Morgen der Prüfung wurden sie in Gruppen eingeteilt und in diesen absolvierten sie dann über den Tag verteilt sechs verschiedene Disziplinen. Zu vier unterschiedlichen Zeitpunkten wurden sie nach ihrer Identifikation und ihrem gerade empfundenen Stress gefragt, und es wurden Cortisol-Proben genommen. Es zeigte sich tatsächlich eine Variation der erlebten Identifikation über den Tag, und die Studierenden äußerten weniger subjektiv empfundenen Stress und zeigten weniger starke Cortisol-Reaktionen zu den Zeitpunkten, zu denen sie sich stärker mit ihrer Gruppe identifizierten.

2.4.5 Evidenz für die förderlichen Aspekte von Identifikation für die Person: Burnout, Stress und Gesundheit

2004 hat Haslam eine erste Analyse von Stress und Burnout auf der Basis von sozialer Identität vorgelegt (siehe Haslam, 2004; Haslam & van Dick, 2011; van Dick & Haslam, 2012). Darin postuliert er vor allem positive Effekte von sozialer Identifikation. Er begründet diese Annahme damit, dass die Identität in Gruppen, in denen die Mitglieder sich hoch identifizieren, einen Rahmen bildet, in dem Stress weniger belastend erlebt wird, in dem mehr soziale Unterstützung ausgetauscht wird und die Mitglieder in größerem Ausmaß das Gefühl haben sollten, dass sie gemeinsam Schwierigkeiten bewältigen können. Identifikation sollte also mit stärkerer sozialer Unterstützung einhergehen und diese sollte wiederum ein stärkeres Gefühl von kollektiver Selbstwirksamkeit nach sich ziehen, was dann eine Reduktion von Stress und Burnout bzw. ein besseres Wohlbefinden zur Folge haben sollte. Abbildung 12 veranschaulicht diese Mediationskette.

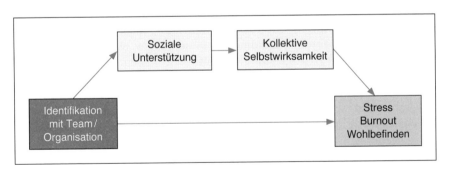

Abbildung 12:
Mediationsmodell zum Einfluss von Identifikation auf Stress über Unterstützung und Selbstwirksamkeit

Diese Annahmen wurden mittlerweile in einigen Dutzend Studien überprüft und bestätigt. So zeigten van Dick und Wagner (2002) bereits sehr früh, dass bei Lehrkräften stärkere Identifikation mit geringeren körperlichen

Beschwerden einhergeht – und dies gilt für alle untersuchten Foci der Identifikation, nämlich das (kleine) Team, die (größere) Schule und die (sehr große) Berufsgruppe der Lehrkräfte. Laborstudien belegen darüber hinaus auch die kausale Wirkung positiver Identität. Häusser et al. (2012) manipulierten zunächst die Identität von Studierenden, die in Dreiergruppen ins Labor kamen, indem sie die Hälfte der Gruppen baten, sich kurz über Gemeinsamkeiten auszutauschen, ihnen einen Gruppennamen gaben und ein Gruppenfoto machten *(Gruppen mit sozialer Identität)*, während die andere Hälfte sich über Unterschiede unterhalten sollte und von ihnen Einzelfotos gemacht wurden *(Gruppen mit personaler Identität)*. Schon diese kleine Manipulation führte zu einer stärkeren gemeinsamen Identität in der ersten Bedingung, und diese half den Teilnehmern mit der anschließenden Belastung besser fertig zu werden. Stress wurde mit dem Trier Social Stress Test (TSST, Kirschbaum et al., 1993) induziert, in dem die Probanden einzeln zunächst vor einem Komitee einen Vortrag halten und dann laut rückwärts zählen sollen. Gemessen wurde zu verschiedenen Phasen des Experiments der Cortisol-Spiegel durch die Entnahme von Speichel. Bei den Teilnehmern in den Gruppen mit geteilter Identität zeigten sich sehr viel geringere Anstiege im Cortisol als bei den Teilnehmern mit geringer sozialer Identität. In einer Follow-up-Studie konnten Frisch, Häusser, van Dick und Mojzisch (2014) zusätzlich zeigen, dass nur in der Bedingung, in der zuvor eine geteilte Identität zwischen Versuchsteilnehmern und dem Komitee des TSST hergestellt worden war, soziale Unterstützung von den Komitee-Mitgliedern gegenüber den Versuchsteilnehmern auch positive Effekte in Form reduzierter Cortisol-Anstiege hatte. Ohne die geteilte Identität führte der TSST zu massiven Cortisol-Anstiegen – gleich ob soziale Unterstützung gezeigt wurde oder nicht.

Mittlerweile wurden weltweit über 60 Studien mit Tausenden von Studienteilnehmern durchgeführt, die die Zusammenhänge zwischen Identifikation und Krankheit bzw. Gesundheit untersucht haben. Steffens, Haslam, Schuh, Jetten und van Dick (im Druck) haben diese Studien in einer Metaanalyse zusammengefasst und sie ermittelten eindeutig einen positiven Zusammenhang zwischen Identifikation mit dem Unternehmen und sowohl psychischem als auch physischem Wohlbefinden ($r = .23$). Auch die Identifikation mit dem Team korreliert in gleicher Größenordnung mit Gesundheit. Die Zusammenhänge sind dabei für Indikatoren psychischen Wohlbefindens etwas enger als für physische Parameter von Gesundheit bzw. Krankheit.

Haslam, O'Brien, Jetten, Vormedal und Penna (2005) konnten zeigen, dass die Gruppenmitgliedschaft auch eine „normalisierende Funktion" hat und zum Beispiel Bombenentschärfer aufgrund ihrer beruflichen Identität ihre Tätigkeit als weniger belastend ansehen, als dies Außenstehende, in dieser Studie Bedienungen in britischen Pubs, tun. In einer weiteren, sogenannten Mediations-Analyse, in der Haslam et al. beide Berufsgruppen (Bombenentschärfer und Bedienungen) gemeinsam analysierten, konnten die Autoren zeigen, dass der negative Zusammenhang zwischen Identifikation und dem wahrgenommenen Stress bei der Arbeit durch die soziale Unterstützung mediiert wird. Unterstützung ist also der Mechanismus, durch den Identifikation ihre Wirkung entfalten kann.

Avanzi, Schuh, Fraccaroli und van Dick (2015) erweiterten diese Analysen um die Selbstwirksamkeit und konnten auch die serielle Mediation, wie sie in Abbildung 12 dargestellt ist, belegen. Dies bedeutet, dass die von ihnen untersuchten Lehrerinnen und Lehrer, die sich stärker identifizierten, deshalb weniger unter Burnout litten, weil die Identifikation zu mehr sozialer Unterstützung führte und diese wiederum eine gesteigerte kollektive Selbstwirksamkeit, also das Gefühl, gemeinsam etwas bewirken zu können, auslöste. Die kollektive Selbstwirksamkeit wiederum korrelierte negativ mit dem Auftreten von Burnout.

Van Dick (2015a) beschreibt auf anschauliche Weise eine Vielzahl weiterer Studien, die die in der Regel positiven Auswirkungen von Identifikation auf Gesundheit und Wohlbefinden dokumentiert haben.

2.5 Die Kehrseite der Medaille: Negative Aspekte von Identifikation

Im Folgenden wird eine Reihe negativer Aspekte von Identifikation und Organisationsbindung betrachtet. Diese Ausführungen nehmen einen relativ breiten Raum ein und dies nicht deshalb, weil ich organisationale Identifikation per se als negativ ansehe. Im Gegenteil wurde ja bereits ausführlich auf die positiven Auswirkungen von Identifikation für Organisation *und* Mitarbeiter eingegangen, und diese wurden auch durch viele Einzelstudien und Metaanalysen bestätigt. Andererseits dürfen die negativen Aspekte nicht ausgeblendet werden, weil sie eine Grundlage für die Analyse von solchen Verhaltensweisen der Mitarbeiter darstellen, die für die Ziele der Mitarbeiter selbst, aber auch für die Ziele der Organisation, abträglich sind. Diese Analysen bieten dann wiederum die Basis für die Planung von Maßnahmen zur Gegensteuerung, beispielsweise durch Identitätsmanagement. Diese Maßnahmen werden dann in Kapitel 3 behandelt.

Problematische Aspekte hoher Identifikation

2.5.1 Gesundheitliche Gefahren und negative Auswirkungen auf das Selbstkonzept

Überidentifikation kann zu Stress führen. Hoch identifizierte Mitarbeiter sind, wie bereits dargestellt, bereit, mehr als von ihnen verlangt zu leisten. Dies geschieht in Form von Überstunden, geringeren Fehlzeiten, hilfs-

Zu starke Identifikation kann zu Stress führen

bereitem Verhalten gegenüber Kollegen, mehr Engagement und allgemein der Bereitschaft, „härter" zu arbeiten. All diese Aspekte sind zunächst positiv und tragen sicherlich zum Wohl der Organisation bei. Wenn allerdings durch zu starke Identifikation, also *Überidentifikation*, die Arbeit einen zu großen Stellenwert bekommt, können familiäre und andere Sozialbeziehungen vernachlässigt werden, was in der Folge zu Unzufriedenheit führt (vgl. Moser, 1996).

Identifikation und Arbeitssucht
Avanzi, van Dick, Fraccaroli und Sarchielli (2012) zeigen solche negative Effekte auch in zwei empirischen Studien an italienischen Justiz-Angestellten und Lehrkräften. Die zweite Studie war längsschnittlich angelegt und ist daher besonders aussagekräftig. Zum ersten Messzeitpunkt wurde die organisationale Identifikation erfasst und sieben Monate später die Arbeitssucht und das Burnout. Es ergaben sich dabei kurvilineare Zusammenhänge. Wie in den meisten Studien äußerten Lehrkräfte mit höherer Identifikation auch weniger Burnout – wenn aber die Identifikation extrem hoch war, stieg das Burnout wieder an und dies wurde vermittelt über die Arbeitssucht, da extrem hohe Identifikation zu Arbeitssucht führt. Wenn also der Beruf und die Organisation die einzigen Lebensinhalte darstellen, ist dies für die Gesundheit also tatsächlich eher schädlich.

Li, Fan und Zhao (2015) zeigten in einer Stichprobe von 450 chinesischen Lehrkräften, dass organisationale Identifikation auch indirekt negative Effekte haben kann. Obwohl Identifikation in ihrer Studie ebenfalls positiv mit Lebens- und Arbeitszufriedenheit korrelierte, ergaben sich zusätzlich auch negative Effekte, vermittelt über eine schlechtere Work-Life-Balance bei den hoch identifizierten Lehrerinnen und Lehrern. Auch hier führt (zu) starke Identifikation mit der Arbeit also zu einer schlechteren Work-Life-Balance und diese hängt wiederum mit geringerer Zufriedenheit zusammen.

Identifikation und schlechtes Ansehen von Beruf oder Organisation
Dutton, Dukerich und Harquail (1994) beschreiben, dass die Zugehörigkeit zu gesellschaftlich wenig geachteten Berufsgruppen oder Organisationen dazu führen kann, dass das Selbstwertgefühl einer Person leidet. Man denke an Mitarbeiter in Pharmakonzernen, die Tierversuche durchführen, an Mitarbeiter in der Waffen- oder Atomstromindustrie oder in der Müllentsorgung. Angehörige solcher Berufe oder Organisationen fühlen sich nicht nur in der Öffentlichkeit häufig diffamiert, sie müssen oft auch im eigenen Bekanntenkreis rechtfertigen, dass sie diese Tätigkeiten ausführen. In unseren eigenen Studien konnten wir z. B. zeigen, dass Lehrer unter dem vermeintlichen, das heißt in der Selbstwahrnehmung, schlechten Ansehen in der Öffentlichkeit leiden (van Dick, 2006). Vermutlich sind es gerade diejenigen, die sich stark identifizieren, die besonders anfällig für Kritik an ihrer Berufsgruppe sind.

Ein weiterer negativer Aspekt sehr starker Identifikation tritt in Erscheinung, wenn sich etwas in den Foci der Identifikation verändert. Ein sehr karriereorientierter Mensch wird mehr darunter leiden, wenn durch Einsparmaßnahmen Beförderungsstellen gestrichen werden und die Karriereaussichten schlechter werden. Bei einem Mitarbeiter, der sich stark mit seiner Abteilung identifiziert, werden innerbetriebliche Umstrukturierungen, durch die sich die Abteilung auflöst, negative Folgen haben. Und wenn durch einen Merger die Organisation, der man angehört und mit der man sich stark identifiziert hat, formal und zum Teil auch strukturell aufgelöst wird und in einer größeren Gesamtorganisation aufgeht, wird dies ebenfalls negative Auswirkungen nach sich ziehen. Diese negativen Auswirkungen betreffen, aufgrund der Funktionen der Identifikation (siehe Abschnitt 1.5.1), die ganze Person und können zum Teil in massiven Gefühlen von Unsicherheit und Kontrollverlust münden. Diese negativen Gefühle betreffen Mitarbeiter umso eher, je stärker sie sich mit den jeweiligen Foci identifizieren.

2.5.2 Konfligierende Identifikationen

In diesem Abschnitt möchte ich kurz auf Probleme eingehen, die sich daraus ergeben, dass Identifikationen mit verschiedenen Gruppen miteinander in Konflikt geraten können, wenn die Gruppen z. B. unterschiedliche Ziele verfolgen. Die Theorie der Sozialen Identität wurde entwickelt, um Phänomene von Ablehnung, Vorurteilen, Diskriminierung und Feindseligkeiten zwischen Gruppen verstehen und erklären zu können. Die Identifikation mit bestimmten Gruppen macht, wie bereits erläutert, einen Teil des Selbstkonzeptes einer Person aus. Jeder Mensch ist bestrebt, ein möglichst positives Selbstkonzept und Selbstwertgefühl zu haben. Dazu ist es erforderlich und nahezu unvermeidbar, andere Gruppen als unterlegen, weniger wertvoll etc. wahrzunehmen und die eigene Gruppe positiv davon abzugrenzen.

Menschen bewegen sich, auch und gerade im Arbeitskontext, in ganz verschiedenen Gruppen: Man hat, im Vergleich zum Kollegen am nächsten Schreibtisch, vielleicht einen anderen Beruf erlernt und manchmal Schwierigkeiten, weil man unterschiedliche „Sprachen" spricht (stellen Sie sich zum Beispiel einen Psychologen und einen Juristen in der Personalabteilung vor, die an gemeinsamen Projekten arbeiten). Oder man arbeitet in der Produktion und hat ständig Probleme mit anderen Abteilungen, wie zum Beispiel dem Versand. Oder man arbeitet im Einkauf und hat mit Angehörigen vieler anderer Organisationen, z. B. Zulieferern, zu tun.

In all diesen Fällen kann eine zu starke Identifikation mit der eigenen Rolle oder Einheit zu verstärkten Schwierigkeiten führen. Identifizieren sich der Psychologe und der Jurist jeweils stärker mit ihren Berufen und ist die Berufsgruppenzugehörigkeit salient, d. h. aktuell relevant, werden sie sich eher weniger bemühen, sich gegenseitig zu verstehen und zu kooperieren, als wenn sich beide stark mit der gemeinsamen Abteilung identifizieren. In diesem Fall ist ja für beide der Erfolg der Abteilung zentral und deshalb Kooperation wichtig.

Ähnlich ist die Identifikation von Mitarbeitern in Produktion und Versand der Schlüssel zur Verstärkung oder Überwindung der Schwierigkeiten. Identifiziert man sich vor allem als Mitglied der jeweiligen Abteilung, kommt es eher zu gegenseitiger Ablehnung, ja zum Teil vielleicht sogar zu Feindseligkeiten. Ist dagegen die gemeinsame Zugehörigkeit zur Gesamtorganisation betont, fällt es leichter, Konflikte zu bearbeiten und zu lösen.

Im dritten Beispiel schließlich ist es für eine Zusammenarbeit zwischen Mitarbeitern des Einkaufs und einem externen Zulieferer sicherlich schwieriger, Probleme zu lösen, wenn sich beide sehr stark als Repräsentanten des jeweiligen Unternehmens ansehen und sich sehr stark damit identifizieren. Dabei wird das gemeinsame Ziel, ein möglichst gutes Produkt bei Firma X herzustellen, das bei entsprechender Qualität und Absatz auch zu mehr Aufträgen bei Zulieferer Y führt, vielleicht aus den Augen verloren.

Schwierigkeiten für den Mitarbeiter aufgrund multipler Identifikationen

Weitere Beispiele für konfligierende Identifikationsobjekte sind Identifikationen mit verschiedenen Foci *innerhalb* einer Person (Ashforth, 2001; Pratt, 2001). Jemand ist ja immer gleichzeitig eine individuelle Persönlichkeit, die sich mehr oder weniger stark mit seiner oder ihrer Karriere identifiziert, *und* Mitglied der Organisation *und* kleinerer Einheiten der Organisation (Standort, Abteilung, Projektgruppe). Diese multiplen Identifikationsfoci können miteinander in Konflikt kommen. Zu starke Identifikation mit einem bestimmten Standort kann zum Beispiel zu verminderter Bereitschaft führen, den Standort zu wechseln. Dies wird aber z. B. von Führungskräften erwartet. Hier können nun starke Karriereidentifikation und starke Identifikation mit dem Standort oder der Abteilung, in der man tätig ist, konfligieren und zu Problemen bei der Entscheidungsfindung führen.

Identifiziert sich jemand stark mit seiner Arbeitsgruppe und seiner Organisation, kann es ebenfalls zu Schwierigkeiten führen, wenn die Ziele von Arbeitsgruppe und Organisation nicht übereinstimmen. Ist man in der Arbeitsgruppe vielleicht um ein möglichst angenehmes Teamklima bemüht und denkt, dies durch besonders häufige und ausgedehnte gemeinsame Kaffeepausen realisieren zu können, steht dies mit dem Ziel der Organisation, möglichst viel zu produzieren, im Widerspruch. Identifiziert man sich primär mit der Arbeitsgruppe und nur wenig mit der Organisation, ist dies für den einzelnen Mitarbeiter weniger problematisch, als wenn die Identifikation mit beiden Objekten hoch ist.

Richter, West, van Dick und Dawson (2006) konnten dies in einer Studie von 40 Teams in englischen Krankenhäusern belegen. Die Teammitglieder sollten angeben, wie sehr sie sich mit ihrem Team und mit dem Krankenhaus insgesamt identifizierten. Zu einem späteren Messzeitpunkt wurden sie gefragt, wie stark sie Konflikte mit dem Team, mit dem sie am häufigsten zusammenarbeiteten, erlebten. Außerdem wurden die Führungskräfte auf einer übergeordneten Ebene gebeten, die Effektivität der Zusammenarbeit von jeweils zwei Teams einzuschätzen. Es zeigte sich, dass Teams, in denen sich die Mitglieder nur mit dem Team, aber nicht mit dem Krankenhaus identifizierten, am meisten von Konflikten berichteten und eine schlechtere Beurteilung ihrer Zusammenarbeit bekamen. Am besten wurde zusammengearbeitet, wenn sich die Mitglieder mit beidem, also dem Team *und* dem Krankenhaus identifizieren konnten. West, Hirst, Richter und Shipton (2004) empfehlen daher auch bei der Einführung oder dem Ausbau von Teamarbeit im Unternehmen zweierlei: Bonding und Bridging. *Bonding* heißt, dass eine starke Teamidentität innerhalb des Teams aufgebaut werden soll, z. B. durch gemeinsame Rituale, Normen und Werte. Gleichzeitig muss es aber auch Möglichkeiten geben, sich über die Grenzen des eigenen Teams hinweg mit anderen Mitgliedern der Organisation auszutauschen und zu vernetzen, um dem Silodenken entgegenzuwirken (*Bridging*; siehe van Dick & West, 2013).

2.5.3 Weitere problematische Aspekte

Starke Identifikation mit Gruppen führt nach der Theorie der Sozialen Identität dazu, dass man die Regeln der Gruppe verinnerlicht und diese zu internalisierten und handlungsregulierenden Normen werden. Ist die Identifikation sehr stark oder zu stark, folgt man diesen Normen stärker und möglicherweise auch unkritischer. Dies kann auch dazu führen, dass Verhaltensweisen anderer Gruppenmitglieder unterstützt und gutgeheißen werden, die man in anderen Kontexten als nicht adäquat bezeichnen würde. Hooligans beim Fußball werden vermutlich von den nicht gewaltbereiten Anhängern des jeweiligen Vereins weniger negativ bewertet als von Menschen, für die Fußball gar keine Rolle spielt.

> **Identifikation und illegitime Normen – der Dienst an der falschen Sache**

Starke Identifikation kann auch dazu führen, dass man Vorgesetzten „blind" vertraut und folgt, weil man die Ziele der Gruppe nicht gefährden will. Petersen und Dietz (2008) haben dazu eine interessante Studie durchgeführt, in der sie zeigen konnten, dass Lehrer mit hohem Commitment gegenüber ihrer Schule in einem Experiment eher geneigt sind, den Anweisungen eines vermeintlichen Schulleiters zu folgen, die sich an der Grenze legitimen Verhaltens bewegten, als wenn sie sich nur niedrig mit der Schule identifizierten. Die Lehrer (von Schulen in den neuen Bundesländern) hatten im Experiment die Aufgabe, bestimmte Bewerber für Vorstellungsgespräche vorauszuwählen. Die Aufforderung des Schulleiters bestand darin, Bewerber aus den alten Bundesländern von vornherein nicht zu berücksichtigen, weil diese die Harmonie im Schulkollegium stören würden. Moser (1996) führt als weiteres Negativbeispiel den Fanatismus im Dritten Reich aufgrund der „Bindung an eine falsche Sache" an.

Geringe
Fluktuation auf-
grund hoher
Identifikation
kann Innovation
reduzieren

Moser (1996) diskutiert relativ breit die negativen Aspekte, die eine starke Bindung an die Organisation im Zusammenhang mit Fluktuation haben kann. Zum einen ist ein starkes fortsetzungsbezogenes Commitment (siehe Abschnitt 1.2) nahezu deckungsgleich mit geringen Absichten, die Organisation zu verlassen. Gleichzeitig sind aber Mitarbeiter mit starkem fortsetzungsbezogenem Commitment, anders als bei hohem affektivem Commitment und hoher Identifikation, nicht unbedingt zufriedener und engagierter. Das bedeutet, dass oft gerade die Mitarbeiter, die im Sinne der Organisation eher weniger leistungsfähig sind, am längsten in der Organisation verbleiben. Zudem gibt es Organisationen, für die Fluktuation erwünscht ist und einen Teil der Organisationsstrategie darstellt. Moser führt zum Beispiel Wehrpflichtarmeen, Universitäten und Fast-Food-Ketten an. Für diese Organisationen ist geringe Fluktuationsneigung aufgrund starker Bindung eher kontraproduktiv. So ist zum Beispiel in Universitäten ein häufiger Wechsel produktiv, weil gerade dadurch ständig Innovation stattfindet. Geringe Fluktuation aufgrund von Identifikation mit der jeweiligen Universität, der Arbeitsgruppe oder der Stadt verhindert demnach innovative Neuerungen durch Personalwechsel.

3 Analyse und Maßnahmenempfehlung

3.1 Analyse

3.1.1 Commitment

Wie in Abschnitt 1.2 beschrieben, werden aktuell meist die drei Skalen von Allen und Meyer (1990) zur Erfassung von Commitment verwendet. Diese Skalen sind seit Langem ins Deutsche übertragen und mittlerweile gut verfügbar publiziert. So enthält der COMMIT-Fragebogen von Felfe und Franke (2012) verschiedene Fragen für die drei in Abschnitt 2.2 beschriebenen Aspekte des Commitment (normativ, affektiv, kalkulatorisch bzw. fortsetzungsbezogen) im Hinblick auf sechs verschiedene Foci, nämlich gegenüber (1) der Organisation, (2) dem Beruf/der Tätigkeit, (3) dem Team, (4) der direkten Führungskraft, (5) der Beschäftigungsform Zeitarbeit und (6) der Beschäftigungsform Festanstellung. Felfe und Franke bieten außerdem die Möglichkeit, die Ergebnisse anhand von Vergleichswerten einer Stichprobe von über 10.000 Beschäftigten einzuordnen.

Messung von Commitment

Im Kasten sind Beispielitems für den Bereich des organisationalen Commitments aufgeführt. Die Beantwortung der Items erfolgt auf einer fünfstufigen Skala mit den Endpolen „trifft nicht zu" bis „trifft zu". Mitarbeiterinnen und Mitarbeitern kann der COMMIT zum Beispiel im Rahmen einer Mitarbeiterbefragung vorgegeben werden.

Items zur Messung organisationalen Commitments (Felfe & Franke, 2012)

- *Affektives Commitment:* „Ich wäre sehr froh, mein weiteres Arbeitsleben in dieser Organisation verbringen zu können."; „Ich bin stolz darauf, dieser Organisation anzugehören."
- *Normatives Commitment:* „Ich würde mich irgendwie schuldig fühlen, wenn ich diese Organisation jetzt verlassen würde."; „Es macht keinen guten Eindruck, häufiger die Organisation zu wechseln."
- *Kalkulatorisches Commitment:* „Es wäre mit zu vielen Nachteilen für mich verbunden, wenn ich momentan diese Organisation verlassen würde."; „Ich habe schon zu viel Kraft und Energie in diese Organisation gesteckt, um jetzt noch an einen Wechsel zu denken."

3.1.2 Identifikation

Messung von Identifikation

Zur Erfassung von Identifikation liegt kein publiziertes Testverfahren vor, in dem eine verbindliche und anhand von Normdaten validierte Auswahl von Items enthalten ist. In der Wissenschaft wird Identifikation auf unterschiedliche Arten erfasst. Die wichtigsten Möglichkeiten werden im Folgenden vorgestellt.

- *Tabelle zur ökonomischen Erfassung von Dimensionen und Foci (van Dick et al., 2004)*

Wie bereits in Abschnitt 2.4 dargestellt, haben meine Kollegen und ich in unseren eigenen Studien gute Erfahrungen mit einem Messinstrument gesammelt, in dem in Form einer Tabelle gleichzeitig Identifikation auf allen vier Dimensionen (kognitiv, affektiv, evaluativ und verhaltensbezogen) und mit Blick auf verschiedene Foci erhoben werden kann. Auf der beiliegenden Karte ist dieses Instrument beispielhaft für den Lehrerberuf und im Hinblick auf die Foci „eigene Karriere", „Schule" und „Berufsgruppe" dargestellt. Dieses Instrument lässt sich beispielsweise leicht auch in Teamentwicklungsmaßnahmen einsetzen – dann kann man z. B. „Schule" durch „Team" ersetzen und in der Auswertung sehen, welchen Stellenwert das Team im Verhältnis zur eigenen Karriere und/oder Berufsgruppe hat. Ebenfalls kann man es einfach durch weitere Spalten ergänzen, z. B. Abteilung, Niederlassung o. Ä.

- *6-Item-Skala von Mael und Ashforth*

Die international wohl gebräuchlichste Skala zur Erfassung von Identifikation mit Organisationen wurde von Fred Mael und Blake Ashforth (1992) entwickelt. Sie enthält folgende sechs Aussagen:

Skala zur Erfassung von Identifikation mit Organisationen (nach Mael & Ashforth, 1992; Übersetzung des Verfassers)
1. „Wenn jemand meine Organisation kritisiert, empfinde ich das als persönliche Kränkung."
2. „Ich interessiere mich dafür, was andere über meine Organisation denken."
3. „Wenn ich von meiner Organisation spreche, rede ich gewöhnlich von ‚wir‘ statt ‚sie‘."
4. „Ich betrachte die Erfolge meiner Organisation als persönliche Erfolge."
5. „Wenn jemand meine Organisation lobt, empfinde ich das als persönliches Lob."
6. „Wenn meine Organisation in den Medien kritisiert würde, wäre ich beschämt."

Auch hier können die Items leicht für andere Foci umformuliert werden, indem z. B. anstelle von Organisation Team, Abteilung oder Berufsgruppe eingesetzt wird. Die sechs Aussagen bilden eine sehr zuverlässige Skala, allerdings lassen sie sich vor allem dann gut beantworten, wenn man der Organisation bereits länger angehört und Erfahrungen mit ihr gesammelt hat. Für Gruppen, denen man gerade erst beigetreten ist, eignet sich die folgende Skala möglicherweise etwas besser, da diese auch in Laborstudien für ad hoc zusammengesetzte Gruppen erfolgreich eingesetzt wurde.

- *4-Item-Kurzskala*

Doosje, Ellemers und Spears (1995) haben die folgenden vier Items erstmalig bei holländischen Studierenden eingesetzt, sie haben sich seither ebenfalls in vielen Studien und auch für Laborgruppen bewährt (Übersetzung des Verfassers):
1. „Ich sehe mich als Mitglied dieser Organisation an."
2. „Ich bin froh, in dieser Organisation zu sein."
3. „Ich fühle mich den anderen Mitgliedern dieser Organisation verbunden."
4. „Ich identifiziere mich mit anderen Mitgliedern dieser Organisation."

Auch diese Items können wiederum so umformuliert werden, dass anstelle der organisationalen die Identifikation mit dem Team oder anderen Foci gemessen wird.

- *Ein-Item-Skala*

Postmes, Haslam und Jans (2013) haben schließlich zeigen können, dass bereits mit einem einzigen Item die Identifikation mit beliebigen Gruppen recht gut erfasst werden kann, d.h. die Antworten eines Mitarbeiters auf das folgende Item sind ähnlich gut in der Vorhersage anderer Einstellungen und arbeitsrelevanter Verhaltensweisen wie die oben präsentierten längeren Skalen:

„Ich identifiziere mich mit dieser Organisation."

Postmes et al. empfehlen, dieses einzelne Item immer dann zu verwenden, wenn es nur sehr begrenzten Platz für die Erfassung von Identifikation gibt. Wird in Organisationen sehr regelmäßig, zum Beispiel auf monatlicher Basis im Sinne eines Stimmungsbarometers nach Identifikation gefragt, ist dieses Item eine gute Wahl. In der Forschung werden in Tagebuchstudien manchmal täglich oder im Abstand weniger Tage über mehrere Wochen hinweg den Teilnehmern immer die gleichen Fragebögen vorgegeben. Diese müssen daher sehr kurz sein und auch hier bietet sich das einzelne Item an. Hat man dagegen mehr Raum und will man aus den Ergebnissen nicht nur einen einzelnen Wert ableiten, sondern über mehrere Aspekte und/oder Foci Informationen erhalten, sollte man die längeren Instrumente verwenden.

- *Grafische Erfassung*

Zum Schluss soll noch eine weitere Möglichkeit gezeigt werden, nämlich die grafische Erfassung von Identifikation mit sogenannten *Venn-Diagrammen*. Bergami und Bagozzi (2000) haben dieses Vorgehen für die Erfassung von Identifikation mit der Organisation vorgeschlagen und damit ebenfalls recht gut arbeiten können. In Abbildung 13 ist ein solches Diagramm dargestellt. Die Teilnehmer werden dabei lediglich gebeten, die Kombination der beiden Kreise anzugeben, die am besten das Verhältnis ihrer eigenen Person zu ihrer Organisation widerspiegelt. Dies verstehen Befragungsteilnehmer in der Regel recht schnell und können sich darunter manchmal eher etwas vorstellen als z. B. bei einigen Items von Doosje et al. (siehe oben).

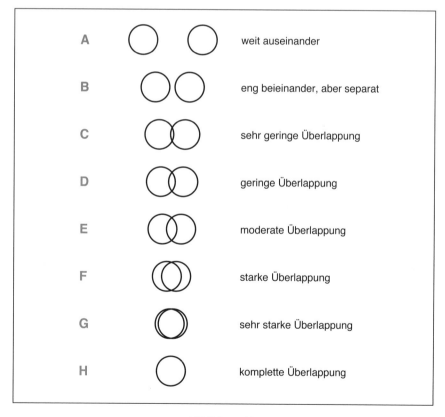

Abbildung 13:
Venn-Diagramm zur Erfassung von Identifikation mit der Organisation

3.2 Maßnahmenempfehlung

Leitfragen
– Identität und Image von Organisationen: Was ist das? – Wie hängt die Identität der Organisation mit der Mitarbeiteridentifikation zusammen? – Welchen Einfluss hat die Führungskraft? – Wie wirken Human-Resource-Praktiken auf die Mitarbeiteridentifikation? – Was sollte bei Unternehmensfusionen berücksichtigt werden, um Identifikation zu steigern?

Zunächst soll zwischen Maßnahmen unterschieden werden, die sich eher auf die Identifikation der Mitarbeiter auswirken und solchen, die vor allem die Identität der Organisation betreffen.

Identität der Organisation bedeutet hier das nach innen und außen kommunizierte und wahrgenommene Image der Organisation und ihrer Produkte bzw. Dienstleistungen.

Identität der Organisation

Zu diesem Image gehören auch nach innen und/oder außen dokumentierte Normen, Regeln, Umgangsweisen, die in ihrer Gesamtheit die Organisationskultur ausmachen.

Identifikation bezeichnet den Prozess bzw. Zustand, der die Internalisierung der Organisationsidentität aufseiten der Mitarbeiter wiedergibt.

Identität und Identifikation hängen eng zusammen: Mit einer Organisation, die eine ausgeprägte positive Identität besitzt, können sich Mitarbeiter auch stärker identifizieren und umgekehrt kann eine Belegschaft, die sich stark mit ihrem Unternehmen identifiziert, auch eher zu einer ausgeprägten Identität der Organisation beitragen. Letzteres z. B. deshalb, weil starke Mitarbeiteridentifikation sich in geringerer Fluktuation niederschlägt und daher eine größere Kontinuität gewährleistet ist. Beide Bereiche werden im Folgenden diskutiert.

Identifikation und Identität

Leider kann man sagen, dass es ausgesprochen wenig Literatur darüber gibt, wie Identifikation durch Maßnahmen der Organisation aktiv verbessert oder gesteigert werden kann. Es gibt einige Aufsätze zu Praktiken im Bereich des Human Resource Management, die sich mit der Frage beschäftigt haben, wie Organisationsbindung entsteht und gefördert werden kann (vgl. zusammenfassend Meyer & Allen, 1997, Kapitel 4). Zum einen ist aber auch diese Literatur in relativ geringem Maße praxisorientiert, d. h. man findet keine „Rezepte", die entsprechende Maßnahmen ganz konkret darstellen. Zum anderen ist, aufgrund der Unterschiedlichkeit der Konzepte (vgl. Abschnitt 1.2), nicht jede Maßnahme, die Commitment fördert, auch eine Maßnahme, die die Identifikation steigern würde. Zum Beispiel zeigen die Ergebnisse von van Knippenberg und Sleebos (2006), dass Commitment eher mit Merkmalen zusammenhängt, die die Tätigkeit an sich vielfältiger und interessanter und den Arbeitsplatz angenehmer gestalten sowie auf austauschbasierte Motivationen abzielen (z. B. Zahlung von mehr Gehalt). Auf der anderen Seite hängt Identifikation stärker mit Merkmalen zusammen, die mit dem Prestige der Organisation assoziiert sind und solchen, die die Organisation von anderen positiv abheben (vgl. auch Blader & Tyler, 2009). Entsprechend dürften Maßnahmen, die austauschbasiert sind, zwar Commitment steigern, nicht aber notwendigerweise die Identifikation der Mitarbeiter.

Management von Commitment

Meyer und Allen (1997) haben ihrer Analyse von Praktiken zum Management von Commitment ein heuristisches Modell zugrunde gelegt, das in Abbildung 14 wiedergegeben ist. Das Modell wurde durch die Merkmale „Wahrgenommene Einheit zwischen Selbst und Organisation" und „Identifikation" ergänzt. Wichtig ist hier zu betonen, dass es weniger darauf ankommt, was genau die Organisation tut – ob sie also bei den Human-Resource-Management-Strategien eher in gutes Feedback oder eher in Weiterentwicklung investiert – wichtig ist, dass sie es ernsthaft tut und ehrlich meint (Parkes, Scully, West & Dawson, 2007).

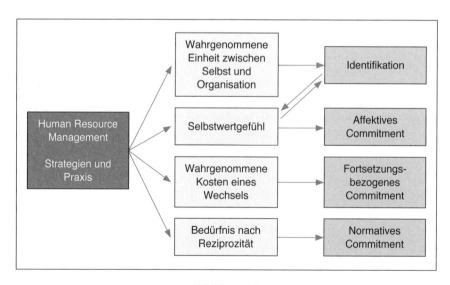

Abbildung 14:
Human Resource Management, Commitment und Identifikation
(nach Meyer & Allen, 1997, S. 69, modifiziert und übersetzt vom Verfasser)

Zunächst resümieren Meyer und Allen die Antezedenzien für die verschiedenen Commitment-Formen. Mitarbeiter, die ihre Organisation als unterstützend wahrnehmen, entwickeln affektive Bindungen an die Organisation. Fortsetzungsbezogenes Commitment entwickelt sich aus der Wahrnehmung, Investitionen und Benefits zu verlieren, wenn man die Organisation verlassen würde. Schließlich ist die Überzeugung, dass man loyal gegenüber der Organisation sein sollte, die Voraussetzung für die Entwicklung normativen Commitments.

Nach Meyer und Allen liegt die Grundlage für ein Commitment-Management in der Veränderung der Überzeugungssysteme bzw. der Wahrnehmungen der Mitarbeiter. Diese Wahrnehmungen mediieren die Zusammenhänge zwischen Human-Resource-Techniken und Commitment. Das bedeutet, dass das Management Gefühle der Mitarbeiter nicht direkt, sondern über den „Umweg" modifizierter Wahrnehmungen beeinflusst.

Veränderung der Organisationsbindung durch veränderte Überzeugungen der Mitarbeiter

Wie bereits ausführlich dargestellt wurde, ist affektives Commitment die wünschenswerte Form von Commitment, deshalb sollte das Human Resource Management in erster Linie auf diese Dimension ausgerichtet werden. Dennoch kann Human Resource Management sich auch auf die anderen Dimensionen auswirken, was hier ebenfalls kurz diskutiert werden soll.

Nehmen wir ein Training, das den Mitarbeiter qualifiziert und seine Karriere- und Persönlichkeitsentwicklung fördert. Nimmt der Mitarbeiter vor allem wahr, dass die Bereitstellung des Trainings eine wichtige Ressource ist, die die Organisation für ihn bereitstellt, kann das seine Gefühle von Reziprozität steigern. Die Organisation stellt den Mitarbeiter für die Teilnahme an diesem Training frei, übernimmt die Trainingsgebühren oder stellt selbst Trainer, Räumlichkeiten, Materialien etc. zur Verfügung. Wenn dieser Aufwand vom Mitarbeiter als Investition der Organisation wahrgenommen wird, erhöht dies vor allem einen Wunsch nach Reziprozität, d. h. er wird sich verpflichtet fühlen, nun ebenfalls etwas in die Organisation zu investieren. Diesen Wunsch kann man auch als normatives Commitment bezeichnen.

Bedürfnis nach Reziprozität

Nun kann der Mitarbeiter aber auch umgekehrt wahrnehmen, dass er mit der Teilnahme an dem Training eine persönliche Investition getätigt hat, die vor allem für seine Stellung innerhalb der Organisation nützlich ist. Zum Beispiel kann es sich um ein Training zur Führungskräfteentwicklung handeln, das den Mitarbeiter für die Karriere innerhalb seiner Organisation weiterqualifiziert, das aber so spezifisch ist, dass es in anderen Organisationen nur wenig von Nutzen wäre. Würde der Mitarbeiter die Organisation wechseln, hätte er die Investition (Teilnahme am Training, evtl. Verzicht auf Freizeit) „umsonst" getätigt. Der Mitarbeiter hat dadurch das Gefühl, in der Organisation bleiben zu müssen, weil er ja sonst eine nicht rentable Investition getätigt hätte – dies kann man als fortsetzungsbezogenes Commitment bezeichnen.

Wahrgenommene Kosten eines Wechsels

**Selbstwert-
gefühl**

Die dritte Commitment-Dimension könnte durch das Training gefördert werden, wenn der Mitarbeiter wahrnimmt, dass ihn die Organisation mit solchen Trainings unterstützt und ihm die Teilnahme an solchen Trainings ermöglicht, weil die Organisation ihn als Menschen wertschätzt. Dadurch wird das Selbstwertgefühl des Mitarbeiters gesteigert und er entwickelt stärkeres affektives Commitment und – in meiner Ergänzung des Modells – stärkere Identifikation.

Entscheidend ist hier nun, dass ein und dieselbe Maßnahme (z. B. das Training) von den Mitarbeitern ganz unterschiedlich interpretiert wird und sich dadurch unterschiedlich auswirken kann. Die Organisation kann diese Erkenntnisse nutzen, indem es bei der Interpretation ansetzt und die jeweiligen Maßnahmen so darstellt, dass sie bei den Mitarbeitern richtig „ankommen".

**Wahrgenom-
mene Einheit
zwischen
Selbst und
Organisation**

Das Modell wurde um die Identifikation ergänzt, weil hier noch ein anderer Mechanismus eine Rolle spielen dürfte. Bietet die Organisation Trainings an und nimmt der Mitarbeiter an diesen Trainings teil, können sich Gefühle der psychologischen Einheit zwischen Mitarbeiter und Organisation steigern. Dies geschieht einmal durch die bloße Tatsache, dass angebotene Trainings wahrgenommen werden, zum anderen durch die Inhalte der Trainings: „Meine Organisation hält es für sinnvoll, Trainings durchzuführen und ich nehme gerne an solchen Trainings teil, außerdem stimme ich mit den Inhalten der Trainings überein, also habe ich mit meiner Organisation viel gemeinsam." Diese Einstellung wird die Identifikation mit der Organisation fördern.

Das skizzierte Modell enthält natürlich nicht alle denkbaren Merkmale, die zwischen Human-Resource-Praktiken und Commitment vermitteln – es ist eher als heuristisches Modell zu verstehen, um die grundlegenden Mechanismen zu veranschaulichen. Es gäbe, neben der Integration weiterer Variablen, auch die Möglichkeit, viele Querverbindungen zwischen den vermittelnden Variablen sowie zwischen Identifikation und den Commitment-Dimensionen einzuzeichnen. Starkes affektives Commitment hängt nach empirischen Studien (Gautam, van Dick & Wagner, 2004; van Knippenberg & Sleebos, 2006) auch mit stärkerer Identifikation zusammen und auch die drei Commitment-Dimensionen sind untereinander korreliert. Aus Gründen der Anschaulichkeit habe ich auf die Darstellung dieser Zusammenhänge in der Abbildung weitgehend verzichtet.

Interessant und wichtig scheint mir aber die Beziehung zwischen wahrgenommener Einheit, Selbstwertgefühl und Identifikation zu sein. Nach den Annahmen der Theorie der Sozialen Identität identifizieren sich Menschen mit Gruppen, *weil* sie dadurch ihren Selbstwert erhalten oder aufwerten können. Ich gehe davon aus, dass Praktiken, die die wahrgenommene Einheit zwischen Organisation und Individuum steigern, zu verstärkter Identifikation führen, und dass daraus ein gesteigertes Selbstwertgefühl resultiert. Werden aber Techniken angewendet, die die Organisation insgesamt positiver erscheinen lassen (siehe Abschnitt 3.2.3 zur Identität und dem Image von Organisationen), wird das Selbstwertgefühl gesteigert und *deshalb* identifiziert man sich auch stärker. Die Merkmale hängen also zusammen und beeinflussen sich wechselseitig, was für die Planung entsprechender Maßnahmen wichtig ist.

Welche Maßnahmen zur Analyse und zur Gestaltung von Identifikationsprozessen in Organisationen lassen sich nun aus den theoretischen Annahmen und empirischen Befunden aus dem Social Identity Approach ableiten? Ich werde im Folgenden auf drei Bereiche eingehen, da diese aktuell relevant sind und wohl auch zukünftig eher an Wichtigkeit zunehmen werden.

Alle drei Bereiche sind jeweils typische Beispiele dafür, wie einerseits auf die Identifikation der Mitarbeiter, andererseits auf das Image der Organisation fokussiert werden kann. Zuerst werde ich auf die Rolle der Führungskraft eingehen – diese ist mit ihrer eigenen Identifikation ein (gutes oder schlechtes) Vorbild für die Mitarbeiter, kann aber auch die Identität eines Teams, einer Abteilung oder der gesamten Organisation aktiv gestalten (Abschnitt 3.2.1). Anschließend werde ich Maßnahmen zur Unterstützung von M&A-Prozessen (Abschnitt 3.2.2) behandeln und schließlich das Thema Identität und Image von Organisationen (Abschnitt 3.2.3).

3.2.1 Die Rolle der Führungskraft

Zwei Forschungslinien haben sich in den vergangenen Jahren die Rolle der Führungskraft im Kontext von Identität und Identifikation angesehen (Kerschreiter & van Dick, 2017). Zum einen ist dies das SIMOL (Social Identity Model of Leadership; van Knippenberg & Hogg, 2003), zum anderen das Identitätstransfermodell (van Dick & Schuh, 2016).

> Das *Identitätstransfermodell* besagt, dass sich die Identifikation von Führungskräften mit den Teams und Organisationen, die sie führen, auf die Identifikation der Mitarbeiterinnen und Mitarbeiter auswirkt.

Das Identitäts-
transfermodell

Dies sollte deshalb der Fall sein, weil Führungskräfte Rollenvorbilder darstellen, die von ihren Mitarbeitern genau beobachtet und teilweise nachgeahmt werden (siehe Felfe, 2009; Felfe & Franke, 2014). Auch sollten sich Führungskräfte, die sich stark identifizieren, auch stärker für die Organisation einsetzen, und schließlich sollten stärker identifizierte Führungskräfte eher positive Visionen von der Zukunft der Organisation entwickeln und besser kommunizieren können. Die Annahmen wurden von mir und Kollegen in einer Serie von Studien überprüft. Dabei wurde im Labor (van Dick & Schuh, 2010) die kausale Annahme, dass der Einfluss von der Führungskraft auf die Mitarbeiter geht, bestätigt. In Feldstudien (van Dick, Hirst, Grojean & Wieseke, 2007; Wieseke et al., 2009; Schuh, Zhang, Egold, Graf, Pandey & van Dick, 2012) in Schulen, der Reisebürobranche oder in Pharmaunternehmen wurde mehrfach gezeigt, dass stärker identifizierte Führungskräfte tatsächlich auch stärker identifizierte Mitarbeiter haben, dass der Einfluss auch über mehrere Hierarchieebenen hinweg verläuft und dass der Zusammenhang zwischen der Identifikation der Führungskraft und der Identifikation der Mitarbeiter dann besonders eng ist, wenn die Führungskräfte schon länger mit ihren Mitarbeitern zusammenarbeiten. Die Studien zeigten darüber hinaus, dass die Führungskräfteidentifikation – vermittelt über die Mitarbeiteridentifikation – auch zu mehr Arbeitszufriedenheit, Engagement und Kundenorientierung bei den Mitarbeitern führt. Letztere wird wiederum von den Kunden wahrgenommen und führt dazu, dass sich sogar die Kunden stärker mit der Organisation identifizieren (Schuh, Egold & van Dick, 2012). Abbildung 15 fasst die Ergebnisse der bisherigen Forschung zum Identitätstransfermodell zusammen.

Grundannahme des SIMOL ist, dass Führung nicht in einem Vakuum stattfindet, sondern die Führungskräfte und ihre Mitarbeiter immer auch Ange-

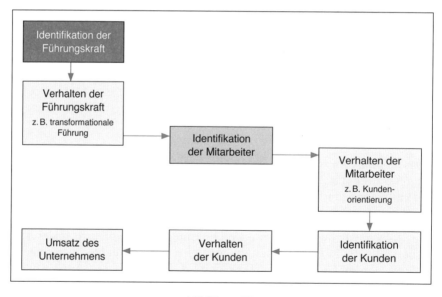

Abbildung 15:
Das Identitätstransfermodell (siehe van Dick & Schuh, 2016)

hörige der gleichen Gruppen sind. Nun gibt es in der Social-Identity-Forschung die Annahme, dass jede Gruppe einen Prototypen besitzt, d. h. die Vorstellung von einem (existierenden oder fiktiven) Gruppenmitglied, das durch seine Eigenschaften die Gruppe am besten repräsentiert. Van Knippenberg und Hogg (2003) kombinieren diese Annahmen und postulieren, dass Führungskräfte umso mehr Einfluss auf die Geführten haben, je mehr sie prototypisch für das stehen, was die Gruppe ausmacht. Diese Annahme wurde in ca. einem Dutzend Studien überprüft und Hogg, van Knippenberg und Rast (2012) fassen die Befundlage gut zusammen. Die Studien zeigen, dass prototypische Führungskräfte in der Tat größeren Einfluss haben, sich eher Fehler erlauben können oder manchmal sogar unfair handeln können – solange es der Gruppe dient und solange die Geführten sich auch mit der Gruppe identifizieren. So zeigen Ullrich, Christ und van Dick (2009), dass prototypische Führungskräfte von ihren Mitarbeitern auch dann akzeptiert werden, wenn sich diese nicht an Entscheidungen beteiligen – allerdings gilt dies vor allem für die stark mit der Organisation identifizierten Mitarbeiter.

Das Social Identity Model of Leadership

Prototypikalität ist allerdings kein statisches Konstrukt, das Führungskräfte entweder besitzen oder nicht – Führungskräfte haben im Gegenteil immer auch die Möglichkeit (und die Aufgabe!), Identitäten von Gruppen aktiv zu gestalten (Haslam, Reicher & Platow, 2011) und sich selbst dadurch eher zum Zentrum dieser Identität zu machen (siehe auch Kerschreiter & van Dick, 2017). Steffens, Haslam, Reicher et al. (2014) haben diese Aufgabe mit „Identitätsmanagement" beschrieben und einen Fragebogen – den ILI (Identity Leadership Inventory) – entwickelt, mit dem Mitarbeiterinnen und Mitarbeiter einschätzen können, wie gut ihre Führungskräfte dieses Identitätsmanagement betreiben. Im Folgenden sollen die vier Dimensionen des Identitätsmanagements jeweils mit einigen Beispielitems vorgestellt werden.

Prototypikalität der Führungskraft

1) Identity Prototypicality (Prototypikalität): Dass Führungskräfte, die die Gruppenidentität gut repräsentieren, einflussreicher sind, wurde oben bereits dargestellt. Typische Fragen aus dem ILI sind (Übersetzung des Verfassers): „Meine Führungskraft verkörpert, wofür das Team steht" oder „Meine Führungskraft ist ein gutes Beispiel eines Teammitglieds". Führungskräfte, die typische Eigenschaften des Teams verkörpern, z. B. der Ingenieur, der ein Forschungs- und Entwicklungsteam leitet, können auf solche typischen Eigenschaften hinweisen, Geschichten aus ihren früheren Tätigkeiten erzählen usw.

Formen des Identitätsmanagements

Manchmal sind Führungskräfte aber nicht gerade prototypisch für das, was das Team auszeichnet. Man denke an den männlichen Direktor einer Grundschule, deren Kollegium nur aus weiblichen Lehrkräften besteht, oder an eine Gruppenleiterin in einer rein männlichen Feuerwehrgruppe oder an den

Leiter eines Accounting-Teams, der keinen Hintergrund im Buchhaltungs- und Finanzbereich hat. Dann kann und sollte die Führungskraft versuchen, etwas typischer zu werden, sie kann aber vor allem die Identität der Gruppe so gestalten, dass sie selbst die neue Identität besser repräsentiert. Steffens et al. (2014) beschreiben drei Dimensionen des Identitätsmanagements, mit denen dies gelingen kann.

2) Identity Entrepreneurship bezeichnet die Fähigkeit der Führungskraft, dem Team ein Gefühl des „Wir" zu geben. Dies kann mit Aussagen gemessen werden wie „Meine Führungsraft trägt dazu bei, dass alle Gruppenmitglieder die Werte und Ideale des Teams kennen" oder „Meine Führungskraft schafft ein Gefühl des Zusammenhalts im Team".

3) Identity Advancement beschreibt das Ausmaß, in dem die Führungskraft sich wirklich um die Interessen des Teams kümmert und diese zum Beispiel nach außen vertritt. Typische Aussagen im ILI dazu sind: „Meine Führungskraft verteidigt die Gruppe" oder „Wenn die Führungskraft handelt, hat sie immer die Interessen der Gruppe vor Augen".

4) Identity Impresarioship bedeutet, dass die Führungskraft aktiv Strukturen und Gelegenheiten schafft, bei denen sich die Teammitglieder als Team erleben. Im ILI werden dazu folgende Aussagen verwendet: „Meine Führungskraft schafft Strukturen, die für uns als Gruppe wichtig sind" oder „Meine Führungskraft organisiert Veranstaltungen, um die Gruppenmitglieder zusammenzubringen".

Eine prototypische Führungskraft wird es immer etwas leichter haben, die Teammitglieder „mitzunehmen". Aber auch sie muss ein Auge auf die weniger identifizierten Mitglieder haben und mit den anderen drei Dimensionen versuchen, eine Identität für alle zu schaffen. Dies kann mit Maßnahmen, wie sie in Kapitel 4 beschrieben werden, zum Beispiel zur Leitbildentwicklung, geschehen. Aber auch eine wenig prototypische Führungskraft kann ein gutes Identitätsmanagement betreiben und dadurch die Anerkennung und Unterstützung der Mitglieder gewinnen. Teilweise sind es eher kleine Dinge, die hier bereits effektiv sein können, zum Beispiel die regelmäßige Organisation von Teamausflügen (Impresarioship) oder das deutlich sichtbare Eintreten für die Teaminteressen bei der nächsthöheren Hierarchieebene in der Organisation (Advancement). Manchmal wird eine Führungskraft aber auch versuchen, die Identität des Teams oder der Organisation als Ganzes zu verändern (Entrepreneurship). Ein Beispiel aus der jüngeren Vergangenheit ist Ursula von der Leyen, die seit ihrem Amtsantritt als Bundesministerin der Verteidigung die Identität der Bundeswehr in Richtung familienfreundlicher Arbeitgeber und mehr Work-Life-Balance verändert hat (van Dick, 2015b). Damit macht sie die Bundeswehr, die seit der Abschaffung der Wehrpflicht Rekrutierungsprobleme hat, nicht nur attraktiver für potenzielle Bewerber, sondern sie stellt sich selbst mit ihren Erfahrungen als Mutter und ehemalige Familienministerin ins Zentrum dieser neuen Identität.

3.2.2 Maßnahmen zur Unterstützung von M&A-Prozessen

In Abschnitt 2.4.2 wurden die theoretischen Annahmen des Social Identity Approach dargestellt und anhand der Forschungsergebnisse im Feld und im Labor die Brauchbarkeit dieses Ansatzes im Kontext von Mergern und Akquisitionen (M&A) demonstriert. Die Befunde zur Rolle der soziostrukturellen Beziehungen können für entsprechende Maßnahmen nutzbar gemacht werden:

• *Status*

Zunächst sollte vor einem Merger darauf geachtet werden, wie die Statusbeziehungen ausgeprägt sind. Dabei spielen nicht nur objektive Daten (z. B. Größe oder Umsatz der beteiligten Organisationen) eine Rolle, sondern auch und vor allem die subjektiven Sichtweisen der Mitarbeiter. Diese subjektiven Wahrnehmungen sollten zum Beispiel in Mitarbeiterbefragungen ermittelt werden.

Maßnahmen zur Reduktion von Statusunterschieden bei Fusionen

Bei der Übersicht über die Forschung wurde gezeigt, dass vor allem die Mitarbeiter der statusniedrigeren Organisation die problematische Gruppe darstellen. Daher sollte so weit wie möglich auf die Kommunikation und Betonung der Statusunterschiede verzichtet werden. Geeignete Maßnahmen sind bei der Fusion eher kleiner mit sehr großen Organisationen und selbst im Falle einer feindlichen Übernahme möglich. Bei einer feindlichen Übernahme stellt die akquirierende Organisation per Definition (überlegene Finanzkraft) die statushöhere Gruppe dar. Dennoch hat sie ja ein Interesse an der Übernahme, das in einem Zugewinn an Know-how, in der Erweiterung der Produktpalette oder in der Erschließung neuer Märkte liegen kann. Vermutlich ist die finanzschwächere Organisation in einem dieser Bereiche der anderen Organisation überlegen, sonst gäbe es die Akquisition nicht. Dies sollte im Vorfeld, während und nach dem Merger klar kommuniziert werden, damit sich die Mitarbeiter der kleineren oder finanzschwächeren Organisation als gleichberechtigte Partner erleben. Allerdings muss diese Gleichberechtigung dann auch in die Praxis umgesetzt werden, indem Massenentlassungen aufseiten vorwiegend der kleineren Organisation vermieden werden oder Führungspositionen im neuen Unternehmen mit Mitgliedern beider Organisationen besetzt werden. Den Mitgliedern der statusniedrigeren Gruppe muss vermittelt werden, dass sie in anderen Bereichen gleichberechtigt oder sogar überlegen sind und dass der Merger gerade deshalb Sinn macht, weil durch die jeweiligen Stärken der Teil-Organisationen in unterschiedlichen Bereichen Synergien entstehen können.

• Legitimität

Legitimierung von Unterschieden

Bei Fusionen kommt es häufig zum Zusammenschluss sehr ungleicher Organisationen, was deren Status angeht. Bleiben diese Statusunterschiede bestehen, wird dies vor allem für die Angehörigen der unterlegenen Organisationen mit Nachteilen verbunden sein (siehe Abschnitt 2.4.2). Daher kommt es, wenn Unterschiede bestehen bleiben müssen oder sollen, darauf an, ihnen eine Legitimation zu geben.

Unterschiede werden von den Mitarbeitern als weniger bedrohlich wahrgenommen, wenn zum Beispiel der eine Unternehmensteil 80 Prozent des Gewinns macht und dadurch das Gesamtunternehmen überhaupt überlebens- und wettbewerbsfähig bleibt, als wenn lediglich durch unterschiedliche Börsennotierungen vor der Fusion der eine Unternehmensteil „zufällig" das andere Unternehmen „zukaufen" konnte, aber zum anschließenden Erfolg weniger beiträgt.

• Permeabilität

Bieten individueller Aufstiegschancen

Auch wenn Statusunterschiede zwischen den beiden Teil-Organisationen bestehen, muss das nicht heißen, dass Angehörige der statusniedrigeren Gruppe immer in dieser Position bleiben müssen. Im Gegenteil kann man den Mitarbeitern vermitteln, dass der Merger für sie individuell größere Chancen der persönlichen Entwicklung und des Aufstiegs bieten kann. Natürlich muss den Mitarbeitern diese Möglichkeit dann aber auch gegeben werden, und Führungspositionen müssen mit Mitarbeitern beider Organisationen nach fairen Prozeduren besetzt werden.

• Fairness

„Handele fair und rede darüber"

In vielen Unternehmenszusammenführungen lassen sich Versetzungen von Mitarbeitern, betriebsbedingte Kündigungen oder andere, für den Mitarbeiter zum Teil extrem nachteilige Effekte nicht gänzlich vermeiden. Hier kommt es darauf an, die Prozeduren möglichst fair und gerecht zu gestalten und diese Bemühungen ganz deutlich zu kommunizieren.

Entlassungen führen bei den verbleibenden Mitarbeitern zu geringerem Commitment, dies aber vor allem dann, wenn die Prozeduren der Entlassungen als willkürlich, intransparent und unfair wahrgenommen werden (Greenhalgh & Jick, 1979). Zunächst müssen also die Beziehungen zwischen den beiden Organisationen in ihrer Unterschiedlichkeit als legitim dargestellt werden, dann müssen die Prozeduren des Zusammenführens vor, während und nach dem Merger transparent und fair sein und auch so kommuniziert werden.

- *Kontinuität*

Für Mitarbeiter in Organisationen, genauso wie für alle anderen Menschen auch im privaten Bereich, ist ein gewisses Maß an Kontinuität für Zufriedenheit und Wohlbefinden erforderlich. Veränderungen sind wichtig für die persönliche Weiterentwicklung, sie dürfen aber nicht zu stark oder zu häufig sein, sonst können sie als Bedrohung erlebt werden.

Kontinuität ist wichtig für den Erfolg einer Fusion

Aus anekdotischen Berichten von Mitarbeitern in fusionierten Organisationen weiß man (van Knippenberg & van Leeuwen, 2001), dass die Veränderungen durch den Merger vor allem deshalb als so bedrohlich wahrgenommen werden, weil ein Verlust an Kontinuität erlebt wird. Mitarbeiter berichten demnach häufig, sie hätten den Eindruck, gar nicht mehr für dieselbe Organisation zu arbeiten, selbst wenn sich ihre Tätigkeit gar nicht verändert hat. Einerseits kann man davon ausgehen, dass die Identifikation mit der alten Organisation in positiver Weise in eine Identifikation mit der Post-Merger-Organisation übergeht, weil ja die alte Organisation Teil der neuen ist. Andererseits ist die Transformation der Identifikation nie eine einfache 1:1-Übersetzung, weil ja die neue Organisation auch aus Mitarbeitern der anderen Organisation besteht und sich damit das Identifikationsziel verändert hat. Inwieweit die ursprüngliche Identifikation nun beibehalten und auf die Post-Merger-Organisation übertragen wird, hängt von der wahrgenommenen Kontinuität ab. Diese Wahrnehmung ist wiederum unterschiedlich für Mitglieder der akquirierten und der akquirierenden Organisation. Weil die akquirierende Organisation meist mehr Einfluss auf die Gestaltung des Mergers hat, nehmen die Angehörigen dieser Organisation eher Kontinuität wahr als Angehörige der akquirierten Organisation. Organisationen sollten das Thema Kontinuität in Planung und Durchführung von Fusionen berücksichtigen und den Mitarbeitern das Gefühl geben, dass auch unter den Bedingungen des Wandels ein gewisses Maß an Kontinuität gegeben ist.

- *„Wir" versus „Sie"*

Das Common-Ingroup-Identity-Modell von Gaertner und Kollegen (2001; siehe Abschnitt 2.4.2 und Abbildung 4 auf S. 38) schlägt, als Möglichkeit zur Überwindung von Spannungen zwischen Gruppen, die Herstellung und Betonung einer gemeinsamen Identität vor (Einwohner in den neuen und den alten Bundesländern sind gemeinsam Deutsche; Franzosen und Briten sind gemeinsam Europäer usw.). Außerdem kennzeichnen Gaertner und Kollegen Kontakt zwischen Gruppen als entscheidenden Faktor. Organisationen können demnach vor, während und nach dem Merger mit entsprechenden Maßnahmen dazu beitragen, dass sich die Mitglieder der beiden ursprünglichen Organisationen nach dem Merger als Angehörige einer gemeinsamen Gruppe begreifen und dass sie Kontakt zueinander haben.

Eine gemeinsame Identität und Kontakte zwischen den Mitarbeitern helfen, eine „Wir gegen die Anderen"-Überzeugung zu reduzieren

Das erste Ziel, der Aufbau einer gemeinsamen Identität, kann zum Beispiel dadurch unterstützt werden, dass sich die Post-Merger-Organisation einen neuen Namen gibt, der für die beiden ursprünglichen Organisationen „passt" und nicht, was häufig geschieht, die akquirierende Organisation ihren Namen beibehält und die akquirierte Organisation ihren Namen aufgeben muss. Eine weitere Maßnahme wäre die Betonung einer anderen Organisation, die auch vor dem Merger schon von beiden Organisationen als Konkurrent wahrgenommen wurde. Die Betonung einer gemeinsamen Outgroup führt dann zu einer stärkeren Identifikation und Gefühlen der Zusammengehörigkeit. Kontakt zwischen den Mitgliedern der ursprünglichen Teil-Organisationen sollte in Form gemeinsamer Veranstaltungen, aber auch durch Querversetzungen zwischen Abteilungen oder Teams gefördert werden.

Dabei ist allerdings ganz wichtig, dass der Kontakt unter den von Allport bereits 1954 spezifizierten Bedingungen stattfindet:
– Der Kontakt muss freiwillig erfolgen (also keine Zwangsversetzungen!).
– Es muss an einem gemeinsamen Projekt oder Ziel gearbeitet werden (also Betonung der gemeinsamen übergeordneten Interessen, auch wenn unterschiedliche Produkte hergestellt werden).
– Er sollte nicht oberflächlich sein (also keine sporadischen, formalen Treffen, bei denen man sich nichts zu sagen hat, sondern fortgesetzte Zusammenarbeit in gemeinsamen, aufgabenorientierten Gruppen).
– Er muss von Autoritäten unterstützt werden (es macht also wenig Sinn, die Mitarbeiter in Kontakt zu bringen, wenn die Führungskräfte signalisieren, dass dieser Kontakt nicht wichtig oder sogar unerwünscht ist).

3.2.3 Identität und Image von Organisationen

Identität und Image der Organisation sind Bedingungen für eine hohe Identifikation der Mitarbeiter

Eng verbunden mit der Identifikation der Mitarbeiter mit ihrer Organisation ist das Image oder die Identität der Organisation selbst. Ein Aspekt von Identifikation ist die evaluative Komponente, die bezeichnet, inwieweit man erlebt, dass die Organisation von außen positiv oder negativ wahrgenommen wird. Neben den Attributen, die man als Individuum hat und die ebenfalls von außen bewertet werden, ist die Fremdbewertung der Gruppen, denen man angehört, eine ganz wesentliche, selbstwertbeeinflussende Komponente der Identität eines Individuums.

Dutton et al. (1994) geben einige Beispiele von Organisationen, die negative Images haben (z. B. die Firma Exxon nach dem Valdez Tankerunglück) und die negativen Folgen, die dieses Image für die Mitarbeiter haben kann. Sie argumentieren aber auch, dass ebenso positive Folgen resultieren können, wenn Mitarbeiter meinen, ihre Organisation würde positiv gesehen. Sie nennen diesen Effekt „basking in reflected glory" (vgl. Cialdini, Borden, Thorne, Walker, Freeman & Sloan, 1976), also das „sich Sonnen im Erfolg anderer". Da man selbst Teil der Organisation ist, ist zumindest für die hoch identifizierten Mitarbeiter der Erfolg der Organisation auch der eigene Erfolg und damit wird das positive Image wieder zu einem Teil des eigenen Selbstkonzeptes.

Dutton et al. (1994) fassen ihre theoretischen Argumente und empirischen Belege (meist in Form von Fallberichten) in folgenden Hypothesen zusammen:
– Je größer die wahrgenommene *Attraktivität* der organisationalen Identität, desto stärker wird sich ein Mitarbeiter mit der Organisation identifizieren.
– Je größer die *Ähnlichkeit* zwischen den Attributen, mit denen sich ein Mitarbeiter identifiziert und den Attributen, die das Image der Organisation ausmachen, desto stärker ist die Identifikation.
– Je mehr sich die Identität der Organisation von derjenigen anderer, vergleichbarer Organisationen *unterscheidet*, desto eher identifizieren sich die Mitarbeiter.
– Je mehr das Image der Organisation den persönlichen *Selbstwert* erhöht, desto stärker wird sich ein Mitarbeiter mit der Organisation identifizieren.

Dutton et al. (1994) unterscheiden zwischen zwei organisationalen Images. **Interne Identität und externes Image** Das erste Image, die *wahrgenommene organisationale Identität*, wird durch die Eigenschaften der Organisation bestimmt, die die Mitarbeiter als zentral und dauerhaft wahrnehmen und durch die Attribute, die die eigene Organisation als besonders im Vergleich zu anderen Organisationen kennzeichnen. Das zweite Image, das als *konstruiertes externes Image* bezeichnet wird, ergibt sich aus den Überzeugungen der Mitarbeiter darüber, wie die Organisation von außen gesehen und bewertet wird. In Abbildung 16 werden die Zusammenhänge zwischen wahrgenommener Identität, externem Image und Identifikation dargestellt.

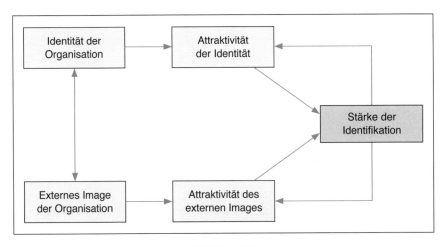

Abbildung 16:
Organisationale Identität, externes Image und Identifikation
(nach Dutton et al., 1994, S. 253, modifiziert und übersetzt vom Verfasser)

81

Das Modell ist in Abbildung 16 in einer vereinfachten Version wiedergegeben, Dutton und ihre Mitarbeiterinnen haben noch einige weitere Variablen wie „Kontakt zur Organisation" in das Modell integriert, die aber hier weniger relevant erscheinen. Aus dem Modell geht hervor, dass sowohl die wahrgenommene Identität wie auch das wahrgenommene externe Image der Organisation die Identifikation der Mitarbeiter beeinflussen. Die Stärke der Beeinflussung hängt wiederum ab von der jeweils eingeschätzten Attraktivität der Identität bzw. des Images.

Ich gehe zusätzlich davon aus, dass Identität und Image nicht unabhängig voneinander wahrgenommen werden: Ein Mitarbeiter, der die Organisation als von außen positiv wahrgenommen erlebt, wird vermutlich auch die Identität als positiver wahrnehmen und umgekehrt. Es mag aber auch Situationen geben, in denen man Angehöriger einer von außen negativ bewerteten Organisation ist (z. B. Mitarbeiter eines Atomkraftwerkes) und gerade deshalb versucht, die positiven Seiten der organisationalen Identität zu sehen und sich mit diesen zu identifizieren. Nationalisten sind oft deshalb besonders stolz auf ihr Land, *weil* sie sich von anderen Nationen negativ bewertet glauben. Aber auch in diesen Fällen ist ein Zusammenhang zwischen Identität und Image gegeben, sodass der Doppelpfeil im Modell meiner Meinung nach sinnvoll ist.

Die anderen Rückkopplungsschleifen von der Identifikation zu wahrgenommener Attraktivität von Identität und Image haben Dutton und Mitarbeiterinnen vorgesehen. Sie gehen davon aus, dass, wenn einmal ein bestimmtes Level an Identifikation vorhanden ist, die Identifikation wieder zurückwirkt. Wenn ich mich mit der Gruppe identifiziere, ist die Gruppe Teil meines Selbstbildes und um dieses aufzuwerten, bewerte ich wiederum Identität und Image der Gruppe positiver. Das Modell insgesamt erscheint plausibel, ist aber bisher noch nicht umfassend überprüft worden. Dutton und Kollegen führen aber einzelne Fallbeispiele und Studien an, die die im Modell vorhergesagten Beziehungen zwischen einzelnen Merkmalen stützen (siehe auch Dukerich, Golden & Shortell, 2002).

Ein positives Image kann durch Corporate-Identity-Programme aufgebaut werden

Es gibt eine Reihe von Strategien zum Aufbau und zur Aufrechthaltung eines positiven Images für die Organisation. Corporate-Identity-Programme sind darauf ausgerichtet, der Organisation ein positives Image zu verleihen. Diese Programme setzen zum Teil an relativ basalen Stellen an, z. B. der Gestaltung von Firmennamen oder Produktlabels, am Design von Schriftzügen auf Briefpapier und Fahrzeugen. Es gibt aber auch ganzheitlich ausgerichtete Programme, die auf die gesamte interne und externe Kommunikation der Organisation im Sinne einer gewünschten Identität ausgerichtet sind (vgl. Birkigt, Stadler & Funck, 2000; Regenthal, 1999).

Im Sinne dieser ganzheitlichen Strategie und als Plädoyer für Nachhaltigkeit sind auch die folgenden Grundsätze zur Gestaltung der Corporate Identity von Jin (2001) und Redhill (1999) zu verstehen.

Grundsätze der Corporate Identity

1. Jede Organisation hat eine Identität, aber nicht alle Organisationen gestalten sie. Menschen innerhalb und außerhalb der Organisation bilden aber ihren Eindruck von der Organisation, egal ob das Image gemanagt wird oder nicht. Daher ist es besser, aktiv an einem positiven Image zu arbeiten.

2. Eine Corporate Identity aufzubauen, bedeutet mehr als das Kreieren eines neuen Labels oder einer neuen Farbe für den Fuhrpark. Ohne die Gewissheit und die Absicht, eine neue Strategie auch *leben* zu wollen, nützen ein neuer Name und ein neuer Stil wenig.

3. Um die Philosophie, die hinter der Identität steckt, auch zu verkörpern, muss die Strategie von möglichst vielen hochrangigen Mitarbeitern getragen werden. Corporate Identity ist etwas für den Vorstand.

4. Koordination ist wichtig, aber klare Kommunikation ist entscheidend.

5. Corporate Identity ist eine Frage des Unterschieds. Fluglinien benutzen die gleichen Flugzeuge, Mineralölfirmen liefern die gleichen Rohstoffe, das Benzin an Tankstellen hat überall die gleiche Qualität. Aber in jedem dieser Bereiche gibt es Kunden, die einer bestimmten Marke treu sind, oft aus visuellen Gründen. Das heißt, Kunden bevorzugen eine Marke, weil sie die „Verpackung" interessant finden, weil sie das Image des Produktes oder des Unternehmens anzieht. Eine gute Corporate Identity lässt sich daher auch an Wachstum und Umsatz ablesen.

6. Die Corporate Identity muss heutzutage global ausgerichtet sein, Produktnamen und Image der Organisation müssen weltweit dasselbe kommunizieren.

7. Corporate Identity kann helfen, Produkte und Dienstleistungen besser zu verkaufen. Aber auch die beste Corporate Identity nützt bei schlechtem Service oder schlechten Produkten nichts.

8. Corporate Identity vergrößert Bekanntheit und Image der Produkte, aber die Organisation wird nur Erfolg haben, wenn die Produkte auch halten, was ihr Image verspricht.

9. Merger und Akquisitionen bieten eine gute Möglichkeit, neue Kulturen und Identitäten zu entwickeln.

10. Corporate Identity beginnt mit einer Philosophie – erst dann kommen Design, Entwicklung und schließlich Implementierung.

4 Vorgehen

Leitfragen

- Welche allgemeinen Maßnahmen fördern die Mitarbeiteridentifikation?
- Was kann bei Unternehmensfusionen konkret zur Steigerung der Mitarbeiteridentifikation getan werden?
- Wie können Identität und Image von Organisationen gemanagt werden?
- Wie helfen identitätsbasierte Modelle bei der Team- und Organisationsentwicklung?

Allgemeine Maßnahmen zur Identifikationsförderung

Entsprechend den in Kapitel 3 behandelten grundsätzlichen Überlegungen zur Ableitung von Maßnahmen zum Management von Identität und Identifikation sollen in diesem Kapitel zwei Bereiche ausführlicher behandelt werden. Hier steht nun das konkrete Vorgehen bei der Gestaltung von Mergern und Akquisitionen (Abschnitt 4.1) sowie bei der Entwicklung einer Corporate Identity im Vordergrund (Abschnitt 4.2). Schließlich werde ich kurz zwei Modelle für die Integration unterschiedlicher Identitäten in Teams und Organisationen vorstellen (Abschnitt 4.3).

Zunächst sollen aber einige allgemeine Maßnahmen beschrieben werden, die dazu beitragen, Mitarbeiter an die Organisation zu binden. Dessler (1999) listet in einer umfassenden Übersicht mit vielen konkreten Beispielen folgende Grundsätze auf, nach denen Organisationen handeln sollten, wenn sie Mitarbeiter haben möchten, die sich mit der Organisation identifizieren:

Maßnahmen zur Förderung der Identifikation

Klare Leitbilder entwickeln

1. Die Organisation muss ihre Werte und Ziele klar kommunizieren und – zum Beispiel in Form eines Leitbildes – auch allen zugänglich dokumentieren. Die Führungsebenen müssen sich diesem Leitbild verpflichtet fühlen und als Vorbilder für die Mitarbeiter auch danach handeln.

Passung zwischen Bewerbern und Unternehmen beachten

2. Bei der Personalauswahl sollten „Realistic Job Previews" gegeben werden, d. h. die Bewerber sollten sich ein realistisches Bild von den Werten und Normen der Organisation und der Art der Tätigkeiten machen können. Nur dann können die Mitarbeiter adäquat einschätzen, ob sie

zu dem Unternehmen „passen". Gleichzeitig sollte das Unternehmen bei den Auswahlprozeduren (Interview, Assessment Center, Testverfahren; siehe hierzu ausführlich Schuler & Mussel, 2016; Kleinmann, 2013; Hossiep & Mühlhaus, 2015; Krumm & Schmidt-Atzert, 2009) immer einen Blick auf die Passung zwischen Bewerber und Unternehmen richten. Natürlich sind dabei Qualifikationen wie Kenntnisse und Fähigkeiten wichtig, aber „weiche" Faktoren (Kommunikationsstil, Fähigkeit zur Teamarbeit, Werte) sollten eine mindestens ebenso große Rolle spielen. Dabei sollte darauf geachtet werden, längerfristig eine homogene Belegschaft zu bekommen: Homogen ist hier aber nicht so gemeint, dass alle Mitarbeiter von gleichem Alter, Geschlecht oder ethnischer Herkunft sein sollen – dies würde den Befunden widersprechen, dass heterogene Gruppen unter bestimmten Umständen sehr viel produktiver sind als homogene – sondern so, dass die Mitarbeiter möglichst einheitliche Auffassungen von einer Unternehmenskultur haben sollten. Insbesondere bei der Auswahl der Führungskräfte sollte die Organisation sehr viel Wert darauf legen, dass diese einheitliche Führungsstile vertreten.

Prinzipien der Arbeitsgestaltung beachten

3. Die Arbeit sollte durch die klassischen Methoden des Job- und Work-Designs möglichst so gestaltet werden, dass den Bedürfnissen der Mitarbeiter nach Autonomie, Ganzheitlichkeit, Bedeutsamkeit und Vielfältigkeit entsprochen wird (Stichworte sind „job enrichment" oder „job enlargement", vgl. Hackman & Oldham, 1980). Durch Job-Rotation, wie es beispielsweise bei Delta Airlines oder American Express praktiziert wird, bekommen die Mitarbeiter stärker das Gefühl, dass alle „am gleichen Strang ziehen" und dass es bei der Bewältigung der Aufgaben auf jeden Einzelnen ankommt.

Faire und gerechte Prozeduren verwenden

4. Die Organisation sollte faire Prozeduren verwenden, wann immer Entscheidungen anstehen, die die Mitarbeiter direkt betreffen. Dies spielt eine Rolle bei der Neubesetzung von Stellen und insbesondere bei der Besetzung von Führungspositionen. Hier sollten (durch faire und gerechte Auswahlprozeduren) zunächst die eigenen Mitarbeiter zum Zuge kommen. Wenn dies aus bestimmten Gründen nicht möglich ist, sollten die Gründe den Mitarbeitern offen mitgeteilt werden. Bei der Personalentwicklung sollte allen Mitarbeitern die Möglichkeit gegeben werden, sich weiter zu qualifizieren und Karriereentwicklungsmöglichkeiten geboten werden. Schließlich sollte das Ausscheiden von Mitarbeitern ebenfalls so fair wie möglich behandelt werden, zum Beispiel die Gründe, die zu betriebsbedingten Kündigungen führen, klar mitgeteilt werden.

5. Der Königsweg zur Erreichung einer hohen Identifikation und eines starken Wir-Gefühls in der Organisation oder kleineren Organisationseinheiten liegt aber nach Dessler vor allem darin, die Menschen in der Organisation in Kontakt kommen und miteinander kommunizieren zu lassen. Hierzu gehören Teamentwicklungsworkshops, regelmäßige Teambesprechungen, klar geregelte Kommunikationswege und -möglichkeiten, aber auch eine Beschwerdekultur, die es jedem Mitarbeiter erlaubt, Probleme und Verbesserungsvorschläge vorzubringen.

4.1   Vorgehen im Kontext von Mergern und Akquisitionen

Marcks und Mirvis (2001) beschreiben sehr detailliert, welche Punkte bei der Planung und Umsetzung eines Mergers in welchen spezifischen Phasen beachtet werden sollten. Ihre Analysen und Vorschläge werden im Folgenden zusammengefasst wiedergegeben (siehe auch Stegmaier, 2016).

Bereits bei der Planung des Mergers müssen die Organisationskulturen berücksichtigt werden

Als erstes geben Marcks und Mirvis einige Hinweise, die die *Planungsphase* der Fusion betreffen. Diese Phase ist mitentscheidend für den Verlauf und letztlich den Erfolg des Mergers. Oft wird in dieser Phase zwar eine ausführliche Analyse der finanziellen Aspekte, der unterschiedlichen Positionierungen am Markt, der Produktpalette etc. durchgeführt, manchmal allerdings nicht mal dies: Einige Studien haben zeigen können, dass es in manchen Akquisitionen oft nur um die Selbstdarstellung des Vorstandsvorsitzenden geht (Boucher, 1980), und dass sogar das Ego des Vorstandsvorsitzenden mit dem Kaufpreis der Akquisition korreliert (Sirower, 1997). Die unterschiedlichen Organisationskulturen und die menschliche Seite der Fusion bleiben jedoch häufig unberücksichtigt oder werden gegenüber den finanziellen Aspekten vernachlässigt (vgl. Terry, 2001).

Wichtig ist das Definieren der gewünschten Zielkultur

Bei der Planung ist es unter anderem entscheidend, eine klare Vorstellung über den *Endzustand* der angestrebten Fusion zu haben. Dabei sind verschiedene Formen denkbar, wie sich akquirierende und akquirierte Organisation während der Fusion verändern. Marcks und Mirvis unterscheiden fünf verschiedene Möglichkeiten. In Abbildung 17 werden diese Möglichkeiten dargestellt.

Problematisch: Bewahrung der ursprünglichen Kultur auf beiden Seiten

Konservierung bedeutet, dass beide Organisationen ihre ursprünglichen Kulturen, Strategien, Produkte etc. beibehalten und sich kaum verändern.

86

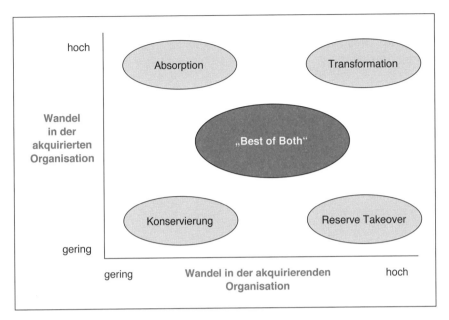

Abbildung 17:
Wohin soll die Reise gehen? Mögliche Endzustände nach Fusionen
(nach Marcks & Mirvis, 2001, S. 85, Übersetzung des Verfassers)

Im Sinne des Social Identity Approach wird dadurch zwar die Identität der Organisationen bewahrt und die Identifikation der Mitarbeiter mit ihren ursprünglichen Unternehmen bleibt erhalten. Allerdings kommt es nicht zu einer wirklichen Fusion im Sinne des Common-Ingroup-Identity-Modells, weil keine neue, gemeinsame Identität entwickelt werden kann. Vermutlich werden dadurch die angestrebten Synergieeffekte nicht optimal erreicht, weil Mitarbeiter beider Organisationen sich nicht mit den Zielen des Mergers identifizieren können.

Absorption meint das völlige Aufgehen der ursprünglichen Kultur und Identität der akquirierten Organisation im Merger, der vollständig durch die Kultur des akquirierenden Unternehmens geprägt wird.

Problematisch: Eine Seite gibt ihre Kultur völlig auf

Aus Sicht des Social Identity Approach bringt dies die größten Schwierigkeiten für die Identifikation der Mitglieder der akquirierten Organisation mit sich. Entsprechend der Annahmen zur Kontinuität ist es für diese Mitarbeiter sehr schwierig, sich mit der Post-Merger-Organisation zu identifizieren, weil sie keine Möglichkeit haben, sich weiterhin mit den bewahrten und übernommenen Teilen der alten Identität zu identifizieren und *auf dieser Grundlage* eine neue Identifikation zu entwickeln.

87

Umgekehrt verhält es sich beim *Reverse Takeover*, bei dem die akquirierende Organisation sich deutlich mehr verändert als die akquirierte Organisation.

Hier ergeben sich für die Mitglieder der akquirierenden Organisation vermutlich noch größere Schwierigkeiten als bei der Absorption für die Mitarbeiter der akquirierten Organisation, weil „Reverse Takeover" meist nicht geplant sind, sondern sich im Fusionsprozess entwickeln und mit einem Statusverlust einhergehen: Hat der Mitarbeiter bislang geglaubt, seine Organisation sei finanzstärker etc., weil sie eine neue Organisation hinzuerwerben kann, muss er feststellen, dass seine Organisation am Ende selbst übernommen wird.

Von *Transformation* spricht man, wenn sich beide Unternehmen gleichermaßen stark wandeln und sich gemeinsam zu einer neuen Organisation verändern.

Dies ist im Sinne des Common-Ingroup-Identity-Modells eine „bessere" Form des Fusionsprozesses als die bislang diskutierten Möglichkeiten. Es besteht aber die Gefahr, dass die Veränderung bei den Mitarbeitern beider Organisationen als zu groß wahrgenommen wird, dass ein starkes Gefühl der Diskontinuität entsteht und sich die Identifikation mit dem neuen Unternehmen deshalb nur schlecht ausbildet.

Die letzte und optimale Strategie bildet das *„Best of Both"*. Hier verändern sich beide Organisationen, wie bei der Transformation, es werden jedoch substanzielle Teile von beiden Organisationen beibehalten.

Da dies vor allem die gut funktionierenden und wettbewerbsfähigen Aspekte sind, auf die die Mitarbeiter stolz sein können, haben diese eher das Gefühl der Kontinuität und können die Identifikation mit der ursprünglichen Organisation als Grundlage für die Ausbildung einer Identifikation mit der neuen Organisation nutzen.

Diese fünf Möglichkeiten lassen sich auch in psychologischen Modellen der Akkulturation (zur Definition des Begriffs siehe S. 19) wiederfinden, die ursprünglich für das Zusammenleben ethnischer Gruppen entwickelt wurden (vgl. Berry, 1997; van Dick et al., 1997), die aber in jüngster Zeit auch auf Merger und Akquisitionen übertragen worden sind (Bourhis & Barette, 2001). Nach diesen Modellen könnte Konservierung als *Separation* bezeichnet werden, d. h. die Organisationen gehören zwar formal zusammen, sind aber in den meisten Bereichen tatsächlich keine Einheit, sondern existieren nebeneinander her. Absorption könnte man auch als *Assimilation* bezeichnen, ebenso den Fall des „Reverse Takeover", hier gibt die eine Organisation ihre Kultur mehr oder weniger vollständig auf und passt sich der anderen an. Transformation und „Best of Both" schließlich entsprechen der psychologischen *Integration* im Sinne eines wirklichen Zusammenwachsens unter Beibehaltung zumindest einiger Aspekte der jeweiligen Kultur.

Interessant ist nun, dass Bourhis und seine Mitarbeiter (Bourhis et al., 1997; Bourhis, Montaruli, El-Geledi, Harvey & Barrette, 2010) ein Modell entwickelt haben, das vorhersagt, wie sich unterschiedliche Zielvorstellungen auswirken. Das Modell ist in Abbildung 18 wiedergegeben. Bourhis und Barette gehen davon aus, dass die Organisation „Alpha" im Vergleich zur Organisation „Beta" von größerer Vitalität ist und die dominierende Rolle bei der Fusion zur gemeinsamen Organisation „Omega" spielt (z. B. aufgrund größerer Mitarbeiter- und Gewinnzahlen etc.).

Das Integrative Akkulturationsmodell

	Organisation „Beta"				
Zielvor-stellungen	Integration	Assimi-lation	Separation	Marginali-sation	Individua-listisch
Integration	**Harmo-nisch**	Problema-tisch	Konfliktär	Problema-tisch	Problema-tisch
Assimi-lation	Proble-maisch	**Harmo-nisch**	Konfliktär	Problema-tisch	Problema-tisch
Separation	Konfliktär	Konfliktär	**Konfliktär**	Konfliktär	Konfliktär
Exclusion	Konfliktär	Konfliktär	**Konfliktär**	Konfliktär	Konfliktär
Individua-listisch	Problema-tisch	Problema-tisch	Problema-tisch	Problema-tisch	**Harmo-nisch**

(Zeilenspalte: Organisation „Alpha")

Abbildung 18:
Integratives Akkulturationsmodell (nach Bourhis & Barette, 2001,
Übersetzung des Verfassers)

Präferiert zum Beispiel die Organisation „Alpha" Assimilation, „Beta" will aber für sich bleiben, will also Segregation, kommt es nach dem Modell eher zu Konflikten, als wenn beide Gruppen sich einig sind, dass Assimilation den gewünschten Endzustand darstellt. Will die eine Gruppe Integration, die andere aber Separation, kommt es eher zu Konflikten, als wenn beide die Integration präferieren.

Kombiniert man nun die Modelle von Marcks und Mirvis (vgl. Abbildung 17) bzw. Bourhis und Barette (vgl. Abbildung 18), dann ist die Strategie des

„Best of Both" (bzw. Integration) als anzustrebender Endzustand vermutlich in den allermeisten Fällen die Strategie der Wahl. Dies gilt allerdings nicht unbedingt für alle Bereiche der Organisationen und hängt unter anderem von deren Größe und Faktoren, wie der geografischen Verteilung, ab. Nehmen wir zum Beispiel zwei Unternehmen im produzierenden Sektor, die an zwei weit entfernt liegenden Standorten unterschiedliche Dinge produzieren. Wenn diese fusionieren, kann das Management durchaus unterschiedliche Integrationsstrategien für einzelne Unternehmensbereiche verfolgen. So könnte zum Beispiel die Produktion an den beiden Standorten beibehalten werden und braucht sich – inklusive der jeweiligen Kultur – nicht unbedingt verändern (Separation). Die vielleicht besser aufgestellte Forschung und Entwicklung des kleineren Unternehmens könnte auf die neue Organisation übertragen werden, umgekehrt muss das kleinere Unternehmen alle Prozesse in den Bereichen Finanzen, Controlling und Vertrieb an die des größeren Unternehmens anpassen und schließlich könnte man im Bereich des Human Resource Management eine Best-of-Both-Strategie fahren und sich für alle Komponenten der Personalarbeit die Elemente nehmen, die in den ursprünglichen Unternehmen jeweils am besten funktioniert haben und sie neu integrieren.

Wichtig in allen Bereichen und unabhängig von der verfolgten Integrationsstrategie ist, dass den Mitarbeitern klar gesagt wird, wo die Reise hingeht. Ullrich, Wieseke und van Dick (2005) sprechen hier von „projected continuity". Anhand eines Fallbeispiels zeigen sie, dass es für die Übertragung der Identität von der alten auf die neue Organisation nicht nur wichtig ist zu betonen, dass sich manche Dinge nicht ändern werden („observable continuity"), sondern für eine nachhaltige Identifikation mit dem neuen Unternehmen auch deutlich zu machen, warum der Merger notwendig ist für den langfristigen Erfolg (siehe für eine aktuellere quantitative Studie Lupina-Wegener, Drzensky, Ullrich & van Dick, 2014). Giessner (2011) spricht hierbei auch von „merger necessity" und zeigt, dass Identifikation dann aufrechtgehalten wird, wenn das Management betont, warum die Fusion dazu beiträgt, dass beide Fusionspartner langfristig überleben (siehe auch Giessner, Ullrich & van Dick, 2011).

Maßnahmen zur Umsetzung der Integration Wie kann aber die Integration ganz konkret aussehen? Zunächst ist es wichtig, schon bei der Auswahl möglicher Partner für eine Fusion sehr sorgfältig auf die Kultur zu achten und diese „weichen" Faktoren mit zu berücksichtigen. Bei der Umsetzung ist es dann sehr wichtig, Versprechungen, die gemacht werden, auch einzuhalten. Wenn also vorher die Rede davon ist, dass es keine Entlassungen in größerem Umfang geben wird, darf es nicht nach der Vertragsunterzeichnung zum Gegenteil kommen. Dies ist auch auf der mittleren und höheren Führungsebene enorm wichtig. In der Regel sind die Führungspositionen nämlich diejenigen, die nach dem Merger freigesetzt werden, weil sie in beiden Teilunternehmen sozusagen doppelt vorhanden sind. Dies hat aber dramatische Auswirkungen auf die Wahrnehmungen der Mitarbeiter: Verlassen viele Führungskräfte das Unternehmen, geht damit auch ein großer Teil der ursprünglichen Identität und Kultur verloren. Dadurch nehmen die Mitarbeiter sehr viel stärkere Diskontinuität wahr, als wenn sie nach dem Merger zwar in einer neuen Organisation, aber mit den „alten" Abteilungsleitern etc. arbeiten.

Einsetzen einer Steuergruppe

Neben der Beibehaltung substanzieller Teile der Führungskräfte ist es aber auch wichtig, andere Aspekte der Kulturen beider Organisationen zu integrieren. Schon bei der Planung sollte festgestellt werden, an welchen Stellen die Kulturen sich entsprechen, wo sie sich sinnvoll ergänzen und wo es vielleicht auch vorprogrammierte Reibungspunkte geben könnte. In einer gemeinsamen Umsetzungsgruppe werden diese Punkte diskutiert und Lösungen zur Integration erarbeitet.

Für viele Mitarbeiter erzeugt schon die Ankündigung einer Fusion Unsicherheit und negative Gefühle. Die Fusion hängt dann wie „eine schwarze Wolke" über dem Unternehmen (van Dick, Ullrich & Tissington, 2006). Grundsätzlich ist es deshalb wichtig, den Mitarbeiterinnen und Mitarbeitern frühzeitig klar zu machen, warum die Fusion oder Akquisition notwendig ist (Giessner, 2011) und dass sie dabei hilft, zumindest einen Teil der alten Identität auch in die Zukunft zu transportieren (Ullrich et al., 2005; Lupina-Wegener et al., 2014).

Mitarbeiterbefragungen und Integrationsworkshops

Gemeinsame Workshops nach der Methode der Zukunftskonferenz und Mitarbeiterbefragungen sind geeignete Methoden zur Analyse und Intervention. In Mitarbeiterbefragungen können die positiven und negativen Aspekte der Kulturen beider Unternehmen *aus der Sicht der Mitarbeiter* erfasst werden und darauf aufbauend eine Analyse der problematischen Stellen, aber auch der Aspekte erfolgen, die für die Umsetzung der Fusion als erstes geeignet erscheinen, den Mitarbeitern ein Gefühl der Kontinuität und der Synergie zu vermitteln.

Eine *Zukunftskonferenz* würde damit beginnen, eine Vision zu entwickeln, indem die Teilnehmer sowohl in getrennten Gruppen (also Teilnehmer jeder Organisation unter sich) als auch in gemischten Gruppen Visionen und Ideen dazu entwickeln, wo das Gesamtunternehmen in 10 Jahren stehen könnte, wie es aussieht, was seine besonderen Merkmale sind usw. Diese Vision wird dann weiterbearbeitet. Durch verschiedene Moderationsmethoden werden die gemeinsamen und trennenden Aspekte vertieft und dann Lösungsideen entwickelt. Eine solche Zukunftskonferenz sollte abschließen mit einer Liste konkreter Projekte oder Arbeitsaufträge, für die jeweils verantwortliche Personen benannt werden und für die ein Zeitplan erstellt wird. Die Gruppengröße für Zukunftskonferenzen ist nahezu beliebig, meine eigenen Erfahrungen mit dieser Methode haben gezeigt, dass die Arbeit sowohl mit relativ kleinen Gruppen als auch mit 100 Teilnehmern und mehr effektiv ist. Wichtiger als die reine Zahl der Teilnehmer ist, dass alle betroffenen Gruppen teilnehmen, d. h. Vertreter aller wichtigen Abteilungen und Führungsebenen aus beiden Organisationen. Im Kasten ist der Ablauf einer Zukunftskonferenz beispielhaft dargestellt (siehe auch die beiliegende Karte).

Ablaufschema einer Zukunftskonferenz
Vormittag

a) Einführung, Übersicht, Vorstellungsrunde

b) Geschichte der Teil-Organisationen, Ist-Zustand als Ausgangsbasis

c) Entwickeln einer Vision: Wo steht unser Unternehmen nach dem Merger im Jahre 2020?

Leitfragen können sein:
– Wie sieht die Organisation aus, welchen Namen haben wir, wo sind unsere Standorte, welche Produkte und Dienstleistungen werden wir anbieten?
– Wie gehen wir miteinander und mit unseren Kunden um?

Dieser Punkt sollte relativ viel Raum bekommen. In gemischten Gruppen sollte ein bis zwei Stunden anhand der Leitfragen eine Vision entwickelt werden und dann Möglichkeiten der Präsentation dieser Version gefunden werden. Wichtig ist, dass in dieser Phase noch keine Kritik geübt wird („Das klappt sowieso nicht"), sondern die Visionen unter Annahme idealer Bedingungen in kreativer, innovativer Atmosphäre entwickelt werden können.

d) Präsentation
Jede Gruppe stellt ihre Vision vor. Dies kann zum Beispiel durch Bilder und Zeichnungen, Rollenspiele, in Form einer Pressemitteilung usw. geschehen. Meine eigenen Erfahrungen haben gezeigt, dass es in dieser Phase sehr darauf ankommt, wie kreativ die Teilnehmer sind. Je interessanter und mitreißender die Visionen präsentiert werden, umso besser gestaltet sich die Weiterarbeit.

e) Integration der verschiedenen Visionen in ein gemeinsames Leitbild

Mittagspause

Nachmittag

a) Synergien, Hindernisse, Schwierigkeiten und Lösungen
In dieser Phase könnte in getrennten Gruppen gearbeitet werden, also Mitglieder aus unterschiedlichen Abteilungen oder den unterschiedlichen Organisationen jeweils unter sich. Es soll hier darum gehen, Ansatzpunkte zur Umsetzung der Vision zu finden, dabei sollen Hindernisse und Schwierigkeiten diskutiert werden, aber auch versucht werden, Lösungen für die Probleme zu finden.

b) Präsentation

Die Ergebnisse werden dann im Plenum mit allen Teilnehmern gemeinsam diskutiert.

c) Umsetzung

Hier sollten gemischte Gruppen auf Grundlage der Diskussion konkrete Projekte benennen, mit denen man schnell Erfolge erzielen könnte, aber auch mittel- und langfristig zu beseitigende Hindernisse angegangen werden können. Diese Projekte sollten auf Flipcharts im Raum präsentiert werden und die Teilnehmer sollen sich bei den Projekten eintragen, an denen sie mitarbeiten wollen. Die einzelnen Projektgruppen treffen sich dann kurz, um einen Verantwortlichen zu benennen, einen ersten groben Zeitplan abzustimmen und einen konkreten Termin für das nächste Treffen zu vereinbaren.

d) Abschluss

In einer kurzen Abschlussrunde sollten vor allem die positiven Aspekte und Erfolge des Workshops benannt werden, aber auch durch konstruktive Kritik dazu beigetragen werden, dass weitere Workshops optimaler geplant und durchgeführt werden können.

Was tun, wenn es zu spät ist?

Oft werden Merger aus strategischen Gründen im „Geheimen" verabredet und den Mitarbeitern erst recht spät bekannt gemacht. Die negativen Auswirkungen dieser fehlenden Transparenz wurden bereits beschrieben. Manchmal kommt es aber trotz guter Planung erst einige Zeit nach der Fusion zu Schwierigkeiten zwischen den Mitarbeitern der ursprünglich getrennten Unternehmen. Altmann, Fiebiger und Müller (2001) beschreiben in ihrem Buch über Mediation in Unternehmen ein solches Beispiel aus der Praxis: Es geht um ein Bauunternehmen, das durch Aufkauf mehrerer kleinerer Bauunternehmen entstanden ist. Nach einiger Zeit kommt es zu Schwierigkeiten zwischen dem Besitzer und einzelnen Geschäftsführern. Interessant für das Thema Identifikation ist, dass in diesem Fallbeispiel von dem mediierenden Anwalt ein Kommunikations- bzw. Identitätsproblem und vom Besitzer selbst das mangelnde Gemeinschaftsgefühl als Ursache für die Schwierigkeiten angesehen werden. Altmann und Kollegen skizzieren dann die Schritte, wie die Probleme mithilfe der Mediationsmethode bearbeitet und gelöst werden können. Im Kasten sind zentrale Punkte des Mediationsprozesses dargestellt (vgl. auch Kals & Ittner, 2008).

Mediation bei Konflikten

> ### Mediation bei Problemen nach Fusionen
> ### (vgl. Altmann, Fiebiger & Müller, 2001, S. 186–196)
>
> *Mediation* bezeichnet zunächst die Konfliktregelung durch unparteiische Dritte, in der alle Parteien freiwillig und gleichberechtigt Lösungen für die zukünftige Zusammenarbeit suchen und aushandeln. Im Zusammenhang mit Unternehmensfusionen sind dabei folgende Aspekte wichtig:
> 1. Alle Beteiligten werden vom Mediator persönlich angesprochen, eingeladen und über die Mediationsmethode informiert. Durch die *persönliche Einladung* können unter anderem Probleme und Bedürfnisse der Beteiligten vorab ermittelt werden.
> 2. Der *Einbezug von Führungskräften* auch der unteren Ebenen (im Beispiel sind dies die Meister) ist wichtig, da eine günstige Stimmung auf dieser Ebene die Mediation an sich und die weitere Zusammenarbeit entscheidend beeinflussen.
> 3. Der Mediator führt mit den Konfliktparteien *Einzelgespräche*, um die Hintergründe der Probleme aus den unterschiedlichen Perspektiven zu ermitteln.
> 4. Das Mediationsseminar findet *außerhalb des Unternehmens* statt, um in angenehmer Atmosphäre (z. B. in einem Tagungshotel) unbeeinflusst von Störungen konzentriert arbeiten zu können.
> 5. Das Mediationsseminar beginnt mit einer *Vorstellungsrunde*, damit sich alle Teilnehmer kennenlernen. Der Mediator erläutert die Regeln der Mediation und stellt wichtige Kommunikationsstrategien vor.
> 6. Die *Konflikte werden bearbeitet*. Dabei werden verschiedene Arbeitsformen eingesetzt (z. B. Gruppenarbeit), und es kommen spezifische Methoden zum Einsatz, z. B. der kontrollierte Dialog, bei dem der Redner zunächst das vom vorangegangenen Redner Gesagte zusammenfasst, bevor er darauf antwortet.
> 7. Für die *weitere Zusammenarbeit* werden zunächst von jedem Teilnehmer die persönlichen Ziele definiert und diese dann in eine gemeinsame Vision für das Unternehmen überführt. Dabei kann ein Bild oder ein Symbol hilfreich sein. Das Mediationsseminar endet mit der Klärung erster Schritte zur Umsetzung der Vision und einer Abschlussrunde.

4.2 Vorgehen beim Management von Identität und Image

Leitfragen für Identität und Image

Cole (1989) beschreibt zur Verbesserung des organisationalen Images einige konkrete Schritte, die die Organisation gehen kann. Dabei orientiert er sich an Leitfragen, für die er jeweils einige Anregungen gibt. Die Leitfragen sind so aufgebaut, dass man sie in einem ein- oder mehrtägigen organisationsinternen Workshop in Einzel- und Gruppenarbeit mit einer Steuergruppe bearbeiten kann.

- *1. Wie sehen unsere Mitarbeiter die Organisation?*

Bevor man beginnt, sich mit der Frage des externen Images und der Wirkung der Identität auf Kunden zu befassen, ist es wichtig, die eigene Sichtweise kennenzulernen. Fragen Sie die Teilnehmer, wie sie sich selbst und ihre Organisation sehen, was sie und die Organisation tun und wie sie die Rolle der Organisation in übergeordneten Kontexten (z. B. der Gesellschaft) wahrnehmen. Lassen Sie alle Teilnehmer jeweils *ein* Wort aufschreiben, von dem diese denken, dass es die Organisation am besten charakterisiert. Es könnte sich dann herausstellen, dass sehr unterschiedliche Begriffe genannt werden. Diese Vielfalt kann auf den ersten Blick vermuten lassen, dass es sehr viel Individualität und damit Innovation gibt. Auf der anderen Seite ist es ein Anzeichen dafür, dass die Organisation keine einheitliche Identität besitzt oder dass diese nur sehr vage kommuniziert wird. Ebenso können sehr drastische Unterschiede in den Antworten auf die einfache Frage aufkommen „Wer ist unser Kunde und was ist unser Produkt?". Ist z. B. der Kunde einer Universitätsklinik der Studierende, der Patient, die Gesellschaft, die Wissenschaft oder die Kommune? Ist das Produkt die Heilbehandlung von Patienten, die Ausbildung der Studierenden oder sind es Forschungsergebnisse? Auf diese Fragen gibt es keine richtigen oder falschen Antworten, aber ein sehr unterschiedliches Antwortmuster der Teilnehmer wäre ein Beleg dafür, dass (noch) keine einheitliche Identität existiert.

- *2. Wie kommunizieren wir unsere Ziele?*

Lassen Sie die Teilnehmer frei beschreiben, wie die Organisation ihre Ziele kommuniziert. Schreiben Sie alles auf eine Pinnwand, was genannt wird, z. B. Berichte, Briefe, Zeitschriften, Werbung, Ausstellungen und andere offensichtliche Methoden, mit denen die Organisation sich nach innen und außen darstellt. Früher oder später wird aber über eher subtilere Formen der Kommunikation berichtet werden, z. B. über die Art der Kommunikation oder die Organisationskultur des Umgangs miteinander sowie mit Kunden und Öffentlichkeit. An dieser Stelle kann vertieft darüber diskutiert werden, ob die Art des Umgangs mit den Erwartungen der Mitarbeiter und Kunden übereinstimmt. Öffentlichkeitsarbeit basiert auf guter Leistung, und gute Leistung ist definiert als die Übereinstimmung zwischen dem Verhalten der Organisation und den Erwartungen der Kunden.

Klare Kommunikation

- *3. Wodurch zeigen wir, dass uns effektive Kommunikation wichtig ist?*

Jedes Programm, das die Kommunikation zwischen Organisation und Kunden verbessert, um damit ein positiveres Image beim Kunden zu erzeugen, hat als ganz wichtige Voraussetzung, dass sich alle Beteiligten an dieses Programm halten und sich ihm verpflichtet fühlen. Stehen nicht alle hinter der Maßnahme, bleiben die Anstrengungen es zu verwirklichen, halbherzig und langfristige Erfolge sind wenig wahrscheinlich. Auch wenn die Kommunikation momentan zu funktionieren scheint, muss das nicht immer so bleiben. Nur wenn dauerhaft positive Erscheinungsformen verstärkt und negative verbessert oder abgestellt werden, ist Nachhaltigkeit im Sinne eines positiven Images zu erwarten. Ermutigen Sie die Teilnehmer, bereits laufende Programme zu kritisieren und neue Wege für die Zukunft zu finden, mit denen eine kommunikationsorientierte Organisationskultur etabliert werden kann.

- *4. Welche Zielgruppen wollen wir ansprechen?*

Wenn man sich nicht genau im Klaren darüber ist, welche Zielgruppe man eigentlich ansprechen will, kann man auch nicht auf die spezifischen Bedürfnisse der entsprechenden Zielgruppe reagieren. Schreiben Sie zwei Kategorien an die Tafel: „Interne Kunden" und „Externe Kunden". Die Teilnehmer sollen dann für beide Kategorien Listen erstellen. Auf der „internen" Liste könnte stehen: Angestellte, Eigner, Familien, Ehemalige etc., auf der „externen" Liste: Kunden, Zulieferer, Behörden etc. Sobald die Listen erstellt sind, lassen Sie die Teilnehmer über die Wichtigkeit der jeweiligen Zielgruppen diskutieren. Diese Diskussion kann wiederum spannende Ergebnisse bringen, weil sich selten alle darüber einig, welcher „Kunde" wichtiger ist, vielleicht noch nicht einmal darüber, ob einige Kunden eher als intern oder extern klassifiziert werden sollten. Diese Diskussion kann dann wieder Anregungen für die folgenden Schritte liefern.

- *5. Wie erfahren wir, wie unsere Zielgruppen*
  unsere Organisation wahrnehmen?

Gerade kleinere oder Non-Profit-Organisationen können kaum Marktforschungsinstitute mit der Ermittlung des Images beauftragen. Man kann aber bei den Mitarbeitern erfragen, was diese über die Wahrnehmung des Images bei den Kunden mitbekommen und inwieweit die Mitarbeiter diese Wahrnehmung teilen. Es ist oft überraschend zu sehen, auf wie viele Arten Mitarbeiter herausfinden, wie die Kunden, Zulieferer oder andere Mitarbeiter die Organisation sehen. In diesen Diskussionen werden z. B. oft monatliche Verkaufs- oder Umsatzzahlen genannt, an denen man Kundenzufriedenheit ablesen kann. Es werden aber auch sehr viel subtilere Mittel zur Wahrnehmung von Klima und Zufriedenheit geäußert, von Meckerkästen oder andere Beschwerdesystemen bis hin zu Kritzeleien in Fahrstühlen und Toiletten. Lassen Sie die Teilnehmer die Wichtigkeit der unterschiedlichen Informationsquellen einschätzen und Strategien diskutieren, die wichtigen Quellen besser ausschöpfen zu können. Das Gespür für solche subtilen Möglichkeiten der Informationsgewinnung ist entscheidend für den Erfolg von Unternehmen und geht leider mehr und mehr verloren, je größer die Organisationen werden.

- *6. Welche Medien beeinflussen unsere Zielgruppen?*

Kunden lesen Zeitungen, Zeitschriften, Magazine, benutzen das Internet, sehen fern, nehmen an Tagungen und Seminaren teil, sie sprechen mit Beratern etc. Dies sind alles Medien, mit denen die Organisation ihr Image an die Kunden kommunizieren kann. Die Medien selbst stellen dabei auch wiederum eine Zielgruppe dar, mit der man effektiv kommunizieren muss. Nehmen Sie wieder die Liste mit den internen und externen Kunden und lassen Sie die Teilnehmer darüber diskutieren, welche Medien die unterschiedlichen Kunden bevorzugen.

- *7. Welche Medien benutzen wir, um unsere Ziele zu kommunizieren?*

Lassen Sie die Teilnehmer nun eine Liste der Medien generieren, die von der Organisation tatsächlich genutzt werden. Lassen Sie diese Liste mit der vorigen vergleichen und die Teilnehmer herausfinden, ob ihre Organisation für ihre Zielgruppen die geeigneten Medien einsetzt. Lassen Sie die Teilnehmer über Diskrepanzen diskutieren und Lösungswege finden. An dieser Stelle können Sie auf den Unterschied zwischen stark kontrollierbaren und weniger kontrollierbaren Medien eingehen. Für die kontrollierbaren Medien, wie Geschäftsberichte, Firmenmagazine, Korrespondenz etc. ist die Organisation ausschließlich selbst verantwortlich. Lassen Sie die Teilnehmer für jedes dieser Medien diskutieren, ob sie ihre Ziele erreichen und das Image der Organisation positiv repräsentieren und lassen Sie nach Optimierungsmöglichkeiten suchen.

- *8. Wer managt das Image und bemerkt Schwierigkeiten?*

Man kann drei Faktoren unterscheiden, die für das Image wichtig sind. Zunächst gibt es die soziale Dimension, das ist die Rolle, die der Identitäts-Manager oder Public-Relations-Berater in der Vermittlung zwischen Organisation und Zielgruppen spielt. Die zweite Dimension ist die Kontextdimension. Das ist der Abstand zwischen dem, was die Organisation sagt und dem, was sie tut. Oft verliert an dieser Stelle die Organisation ihre Glaubwürdigkeit. Es ist die Funktion des Identitäts-Managers, die Organisation darauf hinzuweisen, wenn der Abstand zu groß wird. Schließlich gibt es die dritte, die Zeit-Dimension. Hier ist es besonders wichtig, auf sich schnell verändernde Wünsche und Bedürfnisse der Zielgruppen zu reagieren, und es ist Aufgabe des Identitäts-Managers hierauf zu achten und Lösungen für Veränderungen zu suchen. Lassen Sie die Teilnehmer über die drei Dimensionen diskutieren, lassen Sie sie Visionen entwickeln, welche in 10 Jahren die Zielgruppen sein werden, und was diese tun, denken, fühlen.

- *9. Wer in der Organisation kümmert sich*
  aktuell um Identität und Image?

Wenn dafür noch niemand zuständig ist, muss jemand dafür gefunden werden. Vielleicht arbeitet die Organisation schon an ihrem Image, aber Steuergruppen wie die hier skizzierten können manchmal interessante und fruchtbare Fragen aufwerfen. Aus den Antworten können dann Strategien entwickelt werden, um die künftige Identität zu definieren und zu gestalten.

4.3 Organisations- und Teamentwicklung mit den Modellen ASPIRe und 3R

Zum Schluss möchte ich noch zwei Modelle vorstellen, die von Haslam und Kollegen entwickelt wurden, um den Social Identity Approach für die Praxis nutzbar zu machen: ASPIRe und 3R. Beide Ansätze sind zwar noch nicht umfassend in ihrer Wirksamkeit evaluiert, aber erste Studien sind vielversprechend. Die Modelle sollen hier nur kurz vorgestellt werden und Anregungen geben, wie die zuvor besprochenen Maßnahmen konkret umgesetzt werden können bzw. sie können dabei helfen, eine Reihenfolge einzuhalten, die erfolgversprechend ist.

Das ASPIRe-Modell
Haslam, Eggins und Reynolds (2003) haben mit dem ASPIRe-Modell einen umfassenden Ansatz zur Organisationsentwicklung abgeleitet. Das Akronym ASPIRe steht für „Actualizing Social and Personal Identity Resources" to enhance organizational outcomes.

ASPIRe besteht aus vier Phasen. (1) Ausgangspunkt ist eine geteilte übergeordnete soziale Identität (wie etwa die der Organisation als Ganzes oder die eines bestimmten Teams). Für alle Mitglieder, die sich dieser übergeordneten Identität zugehörig fühlen, werden in der ersten Phase alle weiteren sozialen Identitäten bestimmt, die für diese Mitglieder relevant sind *(AIRing)*. (2) In der nächsten Phase, dem sogenannten Sub-Casing, werden zunächst Ziele für diese Teil-Identitäten *(Sub-Casing)* erarbeitet und (3) in der anschließenden dritten Phase, dem Super-Casing, Ziele für die übergeordnete Identität *(Super-Casing)*. (4) In der vierten und letzten Phase werden die Ergebnisse der vorherigen Phasen in konkrete Planung und Zielsetzung auf der übergeordneten Ebene umgesetzt *(ORGanizing)*.

98

Wichtig ist nach Haslam et al. (2003), dass während des Prozesses konsequent erfasst wird, ob Mitarbeiterzufriedenheit und -leistung sich entsprechend der Ziele entwickeln. Grundlegende Annahme hinter dem ASPIRe Modell ist, dass subjektiv bedeutsame soziale und personale Identitäten einen wichtigen Beitrag zum Erfolg von Unternehmen darstellen. Strukturen und Prozesse, die dazu beitragen, dass diese Identitäten ausgedrückt und im organisationalen Geschehen berücksichtigt werden, dienen daher dem Team- oder Unternehmenserfolg. Das Modell beruht außerdem auf der Annahme, dass Möglichkeiten für den offenen und konstruktiven Umgang mit Meinungsverschiedenheiten zum Erfolg beitragen.

Ein erster empirischer Test des ASPIRe-Modells fand im Rahmen eines Workshops für hochrangige Führungskräfte einer Organisation der militärischen Gesundheitsversorgung in Großbritannien statt (Peters, Haslam, Ryan & Fonseca, 2013). Der Workshop brachte Führungskräfte aus den verschiedensten Geschäftsfeldern der Organisation zusammen, die an unterschiedlichen Einsatzorten weltweit tätig sind. Ziel des Workshops war die Entwicklung einer neuen Strategie für die Organisation und dabei eine gemeinsame organisationale Identität unter den Führungskräften herzustellen. Die Evaluation erfolgte durch Fragebogenerhebungen vor dem Workshop, nach den ersten beiden Phasen und nach der letzten Phase. Über den Workshop hinweg wurden die Ziele für die Untergruppen und die Gesamtorganisation klarer und es steigerte sich die Identifikation der Teilnehmenden mit der Organisation, wie auch mit den jeweiligen Sub-Gruppen. Im Zuge des Workshops erhöhte sich außerdem die Bereitschaft, die neue Strategie zu unterstützen.

Das zweite Modell der drei „Rs" ist eng mit dem ASPIRe-Modell verbunden und wurde von Haslam et al. (2011) als ein Tool für Führungskräfte beschrieben, mit dem insbesondere schwierige Situationen gemeinsam im Team bewältigt werden können. Angewandt wurde das Modell, zumindest in Teilaspekten, bereits in Sportkontexten (Slater, Evans & Barker, 2013; Evans, Slater, Turner & Barker, 2013; Slater, Barker, Coffee & Jones, 2015). **Das 3R-Modell**

(1) In der ersten Phase, dem *R*eflektieren hat die Führungskraft die Aufgabe, durch Beobachten, aktives Zuhören und Gespräche mit einzelnen Mitgliedern und der Gruppe herauszufinden, welche Identitäten relevant und wichtig für die Mitglieder sind. (2) In der zweiten Phase, der *R*epräsentation, versucht die Führungskraft, ihr Verhalten und ihre Entscheidungen auf die zuvor ermittelten relevanten Identitäten anzupassen, sodass sie stark als „einer von uns" wahrgenommen wird. (3) Die letzte Phase, die *R*ealisierung, ist geprägt dadurch, dass die Führungskraft der Gruppe als Ganzes Gelegenheit gibt, die Identitäten zu (er-)leben und gemeinsame Vorstellungen von der Zukunft zu entwickeln.

Als Beispiel skizzieren Slater, Evans und Turner (2016) eine Fußballmannschaft. Aufgabe des Trainers ist, die unterschiedlichen Identitäten der einzelnen Mannschaftsteile zunächst zu erkennen – die Abwehr zum Beispiel mag geprägt sein durch Härte und Kompromisslosigkeit, während der Angriff durch Kreativität und Flexibilität gekennzeichnet ist – und dann durch seine eigenen Handlungen und Trainingsmethoden so zu integrieren, dass dadurch eine starke Identität der gesamten Mannschaft geschaffen wird, in der die unterschiedlichen Facetten der jeweiligen Teile nicht nur akzeptiert werden, sondern als wichtig für den Gesamterfolg angesehen und integriert werden.

5 Fallbeispiele aus der Unternehmenspraxis

In diesem Kapitel werden einige Beispiele vorgestellt, die zeigen, wie Organisationen ihre Identität und die Identifikation der Mitarbeiter mit einfachen Maßnahmen gestalten können. Entsprechend dem bisherigen Aufbau der vorangegangenen Kapitel werde ich mich dabei zunächst mit den identifikationsrelevanten Aspekten einer Fusion befassen (Abschnitt 5.1) und im Folgenden Gestaltungsmöglichkeiten von organisationaler Identität (Abschnitt 5.2) und Beispiele der Leitbildentwicklung (Abschnitt 5.3) darstellen. Zum Schluss werde ich anhand der Drogeriemarktketten dm bzw. Schlecker/Ihr Platz illustrieren, wie unterschiedliche Organisationskulturen aussehen können und welchen Vorteil ein identitätsbasierter Managementansatz (bei dm) hat.

5.1 Identifikation im Kontext einer Fusion

An dieser Stelle soll als Beispiel ein Zusammenschluss zweier Non-Profit-Organisationen vorgestellt werden, der von mir und meinen Kollegen wissenschaftlich begleitet wurde. Es handelt sich um die Fusion zweier räumlich relativ nah beieinander liegenden Kliniken für Psychiatrie und Psychotherapie mit insgesamt etwa 1.300 Mitarbeiterinnen und Mitarbeitern. Hier soll nicht der gesamte Fusionsprozess beschrieben werden, sondern anhand einzelner Aspekte das grundsätzliche Vorgehen dargestellt werden. Diese Aspekte erscheinen vorbildlich, um die Identifikation der Mitarbeiter zu bewahren und lassen sich auf andere Fusionen im Non-Profit und im Profit-Bereich übertragen. Insbesondere drei Aspekte sind hier relevant: die getroffenen Fusionsvereinbarungen, die Befragung der Mitarbeiter und die Durchführung von Integrationsworkshops.

Die Fusion zweier Kliniken

Fusionsvereinbarungen

Sehr frühzeitig zu Beginn der Fusion wurden zwischen Betriebsleitung, Personalräten und der zuständigen Gewerkschaft Dienstvereinbarungen geschlossen und in Form einer Broschüre mit den Unterschriften der Verhandlungspartner an alle Mitarbeiter verteilt. Zunächst wurde die Legitimität der Fusion herausgestellt, indem die veränderten Rahmenbedingungen (z. B. durch Reduktion der Krankenhausbudgets) aufgelistet wurden. Es wurde mitgeteilt, dass in anderen Organisationen diese veränderten Rahmenbedingungen zu betriebsbedingten Kündigungen, Standortschließungen und Senkung der Tarifstandards geführt hätten. Es wurde betont, dass mit dem Zusammenschluss der beiden Organisationen betriebsbedingte

Kündigungen verhindert werden sollen und dass die Existenz der Kliniken durch die Fusion dauerhaft gesichert werden soll. Folgende Punkte wurden konkret vereinbart:

- Es wird ein *Lenkungsausschuss* gebildet, der paritätisch aus Mitgliedern von Betriebsleitung und Personalräten beider Kliniken besetzt wird.
- Die *Mitarbeit der Beschäftigten* wird als wesentlich für den Erfolg der Fusion bezeichnet. Daher sollen die Mitarbeiter an allen Schritten beteiligt und umfassend und in transparenter Form über den Fusionsprozess informiert werden.
- Als Beitrag zur Identifikation der Mitarbeiter mit der neu entstehenden Organisation soll ein *Personalentwicklungs- und Fortbildungsangebot* konzipiert und umgesetzt werden.
- Es soll eine *Stellenbörse* eingerichtet werden und materielle Anreize zum Stellenwechsel für die Bereiche geben, in denen es mittelfristig Überbesetzungen gibt.

In diesen Vereinbarungen ist vieles von dem enthalten, was in den entsprechenden Kapiteln des Buches als Einflussfaktoren für das Gelingen einer Fusion (aus identifikationstheoretischer Perspektive) dargestellt wurde. Die Fusion wird als notwendig und damit legitim dargestellt, es wird eine transparente Informations- und Kommunikationspolitik als wichtig angesehen, durch die Beteiligung der Mitarbeiter und das geplante Personalentwicklungskonzept werden die Mitarbeiter in den Prozess einbezogen und erleben Permeabilität, d. h. die Möglichkeit sich innerhalb der neuen Organisation einzubringen und aufzusteigen. Negative Auswirkungen, wie die Notwendigkeit in einigen Bereichen mittelfristig Stellen abzubauen, werden nicht verschwiegen, sondern offen angesprochen. Gleichzeitig werden aber auch entsprechende Maßnahmen zur sozialverträglichen Gestaltung dargestellt. Durch den paritätisch besetzten Lenkungsausschuss fühlen sich die Mitarbeiter beider Organisationen gleichberechtigt am Prozess beteiligt. Schließlich ist interessant, dass die Identifikation der Mitarbeiter explizit als wichtiges Ziel erwähnt wird.

Wie sieht nun die Beteiligung der Beschäftigten konkret aus? Es kann hier nur ein Ausblick auf die Zukunft gegeben werden, da die Maßnahmen erst eingeleitet wurden und der Prozess noch nicht abgeschlossen ist. Die Einleitung der Maßnahmen an sich stellt aber bereits ein positives Vorgehen dar, deshalb sollen sie kurz beschrieben werden.

Mitarbeiterbefragungen

In zwei Schritten sollten großangelegte Mitarbeiterbefragungen durchgeführt werden. In einem ersten Schritt, kurz nach der Vereinbarung über den Zusammenschluss, fand die erste Befragung statt. Um auch hier die Sichtweise aller relevanten Gruppen erfassen zu können, wurden zunächst Interviews und Vorgespräche mit Betriebsleitung, Personalratsvertretern und Frauenbeauftragten beider Kliniken durchgeführt und daraus dann der endgültige Fragebogen entwickelt.

Es ging in der Befragung vor allem darum, die Befürchtungen und Wünsche der Mitarbeiter im Zusammenhang mit der Fusion kennenzulernen, es wurden aber auch Arbeitsbelastungen, Teamklima, Bewertung der Informationspolitik und Akkulturationseinstellungen über den zukünftigen Umgang mit dem jeweils anderen Partner erhoben. Die Ergebnisse wurden im Rahmen von Betriebsversammlungen präsentiert und diskutiert und dienten als Grundlage für die weiteren Schritte im Fusionsprozess. Etwa nach einem Jahr sollte die Mitarbeiterbefragung wiederholt werden, um die mittelfristigen Auswirkungen der Fusion zu überprüfen und daraus wiederum Ansätze für die weitere Steuerung des Prozesses ableiten zu können.

Integrationsworkshops

Nach Auswertung und Präsentation der ersten Mitarbeiterbefragung waren stufenweise mehrere Integrationsworkshops geplant. Zunächst soll eine ganztägige Zukunftskonferenz mit ca. 50 Teilnehmerinnen und Teilnehmern durchgeführt werden. Dabei sollen Mitglieder der verschiedenen Bereiche (Verwaltung, ärztlich/therapeutischer Bereich, Pflegebereich) zu gleichen Teilen aus den beiden ehemaligen Kliniken nach dem Muster der in Abschnitt 4.1 beschriebenen Zukunftskonferenz (siehe auch die beiliegende Karte) zusammenkommen. Ausgehend von den Stärken und Schwächen der beiden Kliniken in der Vergangenheit, wird dabei eine Vision für die gemeinsame Zukunft entwickelt. Dieses Leitbild wird dann konkretisiert und in erste Arbeitsschritte zur Verwirklichung überführt. Im Anschluss daran werden für jede der ca. 30 Stationen Workshops durchgeführt, um die Vision für das Gesamtunternehmen auf die einzelnen Arbeitsbereiche herunterzubrechen. Dadurch bekommen stufenweise alle Mitarbeiterinnen und Mitarbeiter die Möglichkeit, ihre Vorstellungen für die zukünftige Weiterarbeit – bezogen auf den konkreten Tätigkeitsbereich – einzubringen. Gleichzeitig geschieht dies aber unter einer die gesamte Organisation leitenden Zielvorstellung.

<aside>Integrationsworkshops</aside>

5.2 Corporate Identity

Zu den Merkmalen der Corporate Identity (CI) einer Organisation gehören unter anderem Designmerkmale, wie Namen, Logos, Schriftzüge usw. Ich möchte hier kurz einen Fall schildern, in dem das Vorgehen bei der Gestaltung des Corporate Designs als eher ungünstig anzusehen ist und anschließend ausführlicher zwei Positivbeispiele vorstellen.

5.2.1 Eine Universität

Der erste Fall, der hier in anonymisierter Form wiedergegeben wird, betrifft eine deutsche Universität. Es handelt sich dabei um eine sehr alte Universität, die seit ihrer Gründung vor einigen hundert Jahren als Logo ein Siegel verwendet, in dem der Gründer dieser Universität das zentrale Gestaltungsmerkmal darstellt. Das Präsidium der Universität ging auf ein Angebot eines der Hauptsponsoren der Universität ein, von einem Designbüro ein neues Logo entwickeln zu lassen. Ohne öffentliche Beteiligung von Mitarbeitern und Studierenden beschloss dann der Senat mit knapper Mehrheit (7 Stimmen für das neue Logo, 1 Gegenstimme, 6 Enthaltungen), das alte Siegel abzuschaffen und das neue Logo auf allen Briefköpfen und anderen offiziellen Dokumenten zu verwenden. Nachdem diese Entscheidung den Fachbereichen mitgeteilt wurde, entbrannte ein Sturm der Entrüstung, der sich sowohl auf die Gestaltung des neuen Logos als auch auf das Vorgehen der Einführung bezog.

Die designtechnischen Aspekte des Logos können abstrakt hier nicht dargestellt werden (es handelte sich um einige geometrische Figuren) und können von mir auch nicht nach künstlerischen oder grafischen Qualitäten bewertet werden. Interessant aber ist, dass der Designer, der das Logo entworfen hat, auf einer öffentlichen Veranstaltung (im Anschluss an die formale Einführung des Logos) selbst feststellte, dass das Logo an sich völlig inhaltsleer sei („… man könnte damit auch Fahrräder verkaufen") und von der Universität und ihren Angehörigen erst mit Sinn und Inhalt „gefüllt" werden müsse. Die Empörung spiegelte sich in einer monatelangen Leserbriefserie in der lokalen Presse, in einer Gegeninitiative einiger Professoren sowie kritischer und zum Teil ironischer Stellungnahmen und Aktionen von Studierenden. Es kam schließlich zu einer öffentlichen Diskussionsveranstaltung, bei der die Befürworter des neuen Logos die massive Kritik nicht ausräumen konnten. Zu guter Letzt zog der Präsident das Logo in einem Brief an die Dekane zurück. Dieser Brief enthielt die Kernaussage, dass gegen den Willen der Fachbereiche das Logo nicht eingeführt werden könne und solle.

Unabhängig davon, ob das geplante Logo künstlerisch wertvoller als das alte Siegel gewesen wäre und möglicherweise tatsächlich mit Inhalt gefüllt hätte werden können, kann die Entscheidung, das Logo zurückzuziehen, als klug bewertet werden. Das Hauptargument hat der Präsident in seinem Brief selbst genannt, indem er den Willen der Fachbereiche als ausschlaggebend für Akzeptanz oder Nicht-Akzeptanz beschrieb. Dieser Wille kann natürlich auch als Identifikation mit dem neuen Logo und dem, was es ausdrücken sollte, bezeichnet werden. Für die Studierenden, die die Universität in der Regel nach einigen Jahren verlassen und die nachfolgenden Studierenden-Generationen, die mit dem neuen Logo „aufwachsen", wäre die Abschaffung des alten Siegels vermutlich weniger problematisch ausgefallen, als für die vielen Mitarbeiterinnen und Mitarbeiter, die lange Jahre, zum Teil ihr ganzes Berufsleben unter den bisherigen Strukturen gearbeitet haben. Aus Sicht dieser Mitarbeiter war die Ablehnung verständlich.

Meiner Meinung nach hätte man den Prozess anders gestalten sollen, um diese Identifikation zu erreichen: Man hätte die Mitarbeiter schon bei der Planung, Auswahl und Implementierung des neuen Logos beteiligen müssen. Eben dies ist im zweiten, positiven Beispiel (Abschnitt 5.2.2) geschehen. Ein vielleicht besserer Ansatz, mit dem die Universität versucht, Identifikation und Wir-Gefühl bei neuen Mitgliedern der Organisation zu fördern, ist ein „Gratis-Begrüßungs-Dinner" für Erstsemester. In Zusammenarbeit mit der Stadt werden die Erstsemester an einem Abend mit einem Überraschungsessen verwöhnt, um so unmittelbar – nach dem Motto „Liebe geht durch den Magen" – unmittelbar eine Bindung an die Universität aufzubauen.

5.2.2 Ein IT-Unternehmen

Im Jahr 2001 wurde die EDV-Abteilung eines großen deutschen Weinhandels ausgelagert und als selbstständiges Unternehmen neugegründet. Es handelt sich um die EDV-Abteilung der WIV AG, einem traditionsreichen Konzern, der als Marktführer im internationalen Weindirektvertrieb in 20 Ländern mit über 4.500 Mitarbeiterinnen und Mitarbeitern tätig ist und im Jahr 2001 einen Gesamtumsatz von mehr als 500 Millionen Euro machte. Die EDV-Abteilung gründete sich als one2one IT GmbH. Sie versteht sich als Serviceprovider für kleine und mittelgroße Unternehmen und konzentriert sich dabei vor allem auf die Bereiche Direkt-Vertrieb, Direkt-Marketing und Versandhandel.

Identifikation mit den CI-Symbolen durch Beteiligung

Wie kommt es zum Namen „one2one IT GmbH"? Die Tradition des Mutterkonzerns ist der Direktvertrieb, d. h. das „face to face"-Verkaufsgespräch. Die IT besteht aus Systemen für das one2one-Marketing, und das Know-how der one2one IT GmbH ist hauptsächlich auf die Entwicklung und den Betrieb solcher Systeme konzentriert. Der Name sollte diese spezielle Knowhow widerspiegeln und gleichzeitig auch deutlich machen, was potenzielle Kunden erhalten. Deshalb wurde dem Namen der Untertitel „IT-Lösungen für die direkte Kundenansprache" beigefügt. Der Name wurde in kleinem Kreis – Geschäftsführer, Teamleiter – intensiv diskutiert, und „one2one IT GmbH" war der favorisierte Name der Gesellschaft, weil die Aussage über das Know-how und auch über die Wertschätzung der Kunden schon im Namen enthalten ist.

Hier soll nun dargestellt werden, wie sich ein neugegründetes Unternehmen eine Identität schafft. Dabei erscheinen zwei Aspekte besonders interessant: Zum einen stellt sich die Frage, inwieweit alte Strukturen beibehalten werden können, um die ursprüngliche Identifikation der Mitarbeiter mit dem Mutterkonzern in die Identifikation mit dem neuen Unternehmen zu überführen. Gleichzeitig muss dem neuen Unternehmen eine eigenständige Iden-

Im Spannungsfeld zwischen alter und neuer Identität

tität verliehen werden, die von der bisherigen Struktur sichtbar abgegrenzt werden kann. Zum anderen ist es interessant, den Prozess der Identitätsbildung und insbesondere die Beteiligung der Angestellten an diesem Prozess zu verfolgen.

Beteiligung der Mitarbeiter am Prozess

Die Logos wurden von einer Designerin aus dem Mutterkonzern entwickelt. Diese machte zunächst 20 Entwürfe, die dann den Mitarbeiterinnen und Mitarbeitern präsentiert wurden. In Abbildung 19 sind einige der Entwürfe abgebildet.

Abbildung 19:
Erste Logoentwürfe für die one2one IT GmbH

Von den Mitarbeiterinnen und Mitarbeitern wurde der linke Entwurf als geeignet ausgewählt. Dieser wurde dann noch einmal überarbeitet und optimiert. Zum Beispiel wurden 12 unterschiedliche Farbvarianten entworfen und die Vorschläge wiederum den Mitarbeitern zur Diskussion und Auswahl vorgelegt.

Das Logo und der dazugehörige one2one-Schriftzug werden seitdem in allen Formularen (z. B. internen Mitteilungen, Kundenbriefen, Protokollen, Statusberichten), auf Visitenkarten sowie auf den Internetseiten verwendet. Damit hat sich die one2one IT GmbH ein einheitliches Erscheinungsbild gegeben und durch die Beteiligung der Mitarbeiter am Auswahlprozess ein hohes Commitment gegenüber der Verwendung des Logos erreicht. Eine klassische sozialpsychologische Theorie, die empirisch gut bestätigte *Dissonanztheorie* (Festinger, 1957), erklärt dies folgendermaßen: Wenn Menschen für irgendetwas einen bestimmten Aufwand betrieben haben, wird aufgrund der Motivation, diesen Aufwand für gerechtfertigt zu halten, das Ergebnis in der Regel positiv bewertet. Dadurch wiederum fühlt man sich an die getroffenen Entscheidungen stärker gebunden.

Einheitliches Erscheinungsbild

Die so geschaffenen einheitlichen Vorlagen sind mittlerweile in der internen und externen Kommunikation ein wichtiges Hilfsmittel, die Identität der one2one IT GmbH grafisch zu unterstützen. Das Logo, der Name und auch andere Formalien wie Briefvorlagen sind für die one2one ein Mittel, die Unternehmensentwicklung positiv zu beeinflussen durch:
– Stärkung der Bindung der Mitarbeiter an das Unternehmen,
– Stärkung des Dienstleistungsgedankens (Wir sind jetzt eine Firma, die Kunden zufriedenstellen muss und nicht mehr einfach „nur" eine IT-Abteilung),

- Abgrenzung zum Konzern (one2one ist nicht gleich WIV, one2one-Mitarbeiter haben andere Kompetenzen),
- die one2one IT GmbH ist ein eigenes Unternehmen mit eigenen Produkten, Dienstleistungen und eigenen Zielen.

Kontinuität zwischen alter und neuer Identität

Um nun noch zu demonstrieren, dass den Mitarbeitern, die bereits in der EDV-Abteilung des ursprünglichen Unternehmens tätig waren, Gefühle von Kontinuität vermittelt werden, sind in Abbildung 20 zwei Mitteilungsformulare der one2one IT GmbH und der WIV AG wiedergegeben.

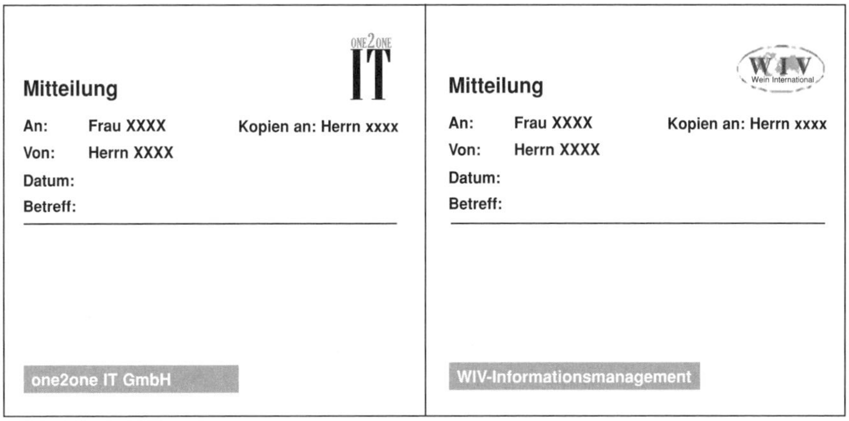

ONE2ONE IT

Mitteilung

An: Frau XXXX Kopien an: Herrn xxxx

Von: Herrn XXXX

Datum:

Betreff:

one2one IT GmbH

WIV Wein International

Mitteilung

An: Frau XXXX Kopien an: Herrn xxxx

Von: Herrn XXXX

Datum:

Betreff:

WIV-Informationsmanagement

Abbildung 20:
Formulare für interne Mitteilungen der one2one IT GmbH und der WIV AG

Auch wenn nicht alle Details in der verkleinerten Darstellung zu erkennen sind, zeigt die Abbildung, dass die prinzipielle Gestaltung und der grafische Aufbau beibehalten wurden. Die interne und externe Kommunikation hat also für die Mitarbeiter, die schon vor der Neugründung im Unternehmen tätig waren, eine sehr ähnliche Form und damit Kontinuität.

Beteiligung an der weiteren Strategieplanung

Schließlich ist interessant, wie die one2one IT GmbH ihre Strategie für die zukünftige Arbeit entwickelt. Ein zentrales Merkmal sind regelmäßige Strategieentwicklungstreffen, bei denen sich alle Teamleiter und der Geschäftsführer für einige Tage zusammenfinden, um zukünftige Herausforderungen und Chancen zu diskutieren. Im Januar 2002, also ein Jahr nach der Gründung, wurde ein solches Strategieentwicklungstreffen von mir moderiert. Es ging dabei um die eher langfristige Ausrichtung des Unternehmens. Es wurden in Form einer Zukunftskonferenz (siehe Abschnitt 4.1 und die beiliegende Karte) folgende Fragen diskutiert:
- Was benötigen unsere heutigen Kunden von uns/was sagen sie zu einer Weiterentwicklung?
- Wollen wir uns auf ein spezielles Gebiet spezialisieren? Was könnte das sein?

– Was sind denn unsere Besonderheiten – was können wir besonders gut?
– Und andersherum: Was sollten wir vielleicht schon morgen nicht mehr machen (z. B. Outsourcing von bestimmten Bereichen)?
– Wenn wir uns hier weiterentwickeln, werden wir auch andere Fähigkeiten benötigen (z. B. Marketing). Welche? Wie kommen wir dahin?
– Wie könnte ein möglicher Business-Plan aussehen?

In zwei Tagen wurden zu diesen Fragen in verschiedenen Arbeitsformen gemeinsame Lösungen erarbeitet, die nachhaltig umgesetzt werden. Wichtig hier ist, dass bei diesem Treffen alle Teamleiter anwesend waren und dadurch, dass jede und jeder offen seine Sichtweise einbringen konnte, sich mit dem erzielten „Produkt" auch jeder identifiziert. Im Vergleich dazu werden in anderen Unternehmen Entscheidungen zu Fragen wie den oben aufgelisteten häufig nur von der Geschäftsführung getroffen – die Mitarbeiter haben diese Entscheidungen anschließend umzusetzen. Durch die Partizipation am Prozess wird die Identifikation der Mitarbeiter mit den Entscheidungen und letztlich mit dem Unternehmen deutlich gestärkt, und eine effektive, effiziente und nachhaltige Umsetzung erscheint wahrscheinlicher.

Insgesamt kann zusammengefasst werden, dass im ersten Beispiel die Veränderung der organisationalen Identität – in einem kleinen, aber nach innen und außen durchaus zentralen Merkmal, dem Logo – scheiterte, weil die Mitarbeiterinnen und Mitarbeiter nicht in die Planung eingebunden wurden. Dagegen waren die Angestellten im zweiten Beispiel sowohl bei der Findung des Logos als auch bei darüber weit hinausgehenden strategischen Planungen beteiligt. Dadurch können sie sich mit den getroffenen Entscheidungen identifizieren und tragen zu ihrer Umsetzung engagiert bei.

5.2.3 Die Commerzbank

Logo-entwicklung nach einer Fusion

Das bekannte gelbe Logo der Commerzbank entwickelte sich in mehreren Phasen seit 1972. Ursprünglich war das Logo eine stilisierte Windrose (siehe Abbildung 21) und trug den Titel „Quatre vents", also die vier Windrichtungen. Diese markierten die Kooperation der Commerzbank mit anderen europäischen Bankinstitutionen unter dem Namen „Europartners". 1972 wurde es vorgestellt und symbolisierte „die weltoffene Dynamik [der] Bank und [der] Partnerinstitute … [und] konzentrierte Kraft und vielfältigen Kundendienst" (Commerzbank, n. d.).

Ursprünglich waren die vier, die Windrichtungen symbolisierenden Winkel schwarz vor gelbem Hintergrund, später wurden die Winkel gelb und zuletzt wurde das Logo 2008 etwas modernisiert. Studien der Commerzbank zeigten, dass die gelbe Farbe von Verbrauchern mit der Sonne verbunden und damit mit positiver Ausstrahlung assoziiert wurde. Damit konnte

sich die Bank als „kompetenter und sympathischer Partner der Kunden …
positionieren" (Commerzbank, n. d.). Die Farbe Gelb war aber bereits in
den 1950er Jahren Teil des Commerzbank-Designs, einmal wegen der Si-
gnalwirkung und zum anderen, weil die Farbe Wärme und Sympathie aus-
strahlt.

Abbildung 21:
Commerzbank-Logos 1972 bis 2008

Die Logos der Dresdner Bank entwickelten sich ebenfalls über die Zeit
hinweg zu einem starken Symbol, die Entwicklung der letzten 50 Jahre vor
der Übernahme durch die Commerzbank ist in Abbildung 22 dargestellt.

Abbildung 22:
Entwicklung der Dresdner Bank-Logos

Mit der Übernahme der Dresdner Bank durch die Commerzbank, die im
August 2008 bekanntgegeben wurde und im Mai 2009 vollzogen war,
wurden die Logos der beiden Institute zu einem neuen Logo verschmol-
zen (siehe Abbildung 23). Man behielt das umlaufende, dreidimensionale
Band der Dresdner Bank bei, aber präsentierte es neben dem Namen der
Commerzbank und verwendete die gelbe Farbe der Commerzbank. Dies
sollte ausdrücken, dass aus der „Zusammenführung zweier Traditionsmar-
ken etwas Neues, Wegweisendes und Modernes entstanden ist" (Commerzbank, 2016).

109

COMMERZBANK

Abbildung 23:
Aktuelles Logo der Commerzbank

Mit dem Slogan „Ein Name, ein Zeichen, eine Bank" wurde Mitarbeitern und Kunden beider Bankhäuser symbolisiert, dass gemeinsam etwas Neues entstehen sollte. Den Mitarbeitern, Kunden und Geschäftspartnern der Commerzbank wurden durch Name und Farbe Stabilität signalisiert. Gleichzeitig wurde durch Integration des Bandes der Dresdner Bank signalisiert, dass man deren Mitarbeiter und Kunden ebenfalls wertschätzte und ihre Anliegen und Ansprüche in der neuen Institution berücksichtigen wollte.

Aus psychologischer Sicht wurde damit, wie an verschiedenen Stellen dieses Bandes erläutert, in optimaler Weise vorgegangen. Den Stakeholdern beider Banken wurde damit signalisiert, dass eine Integration beabsichtigt und ein „Best of Both" zu einem neuen, stärkeren Institut führen würde. Es wurde sowohl Stabilität aus der Vergangenheit („observed continuity") durch Bewahrung etablierter Symbole (das Band der Dresdner Bank, die Farbe und der Name der Commerzbank) vermittelt als auch durch den neuen Schriftzug eine „projected continuity", also ein Gefühl für den Aufbruch gegeben.

5.3 Beispiele der Leitbildentwicklung

Hier sollen kurz zwei Beispiele, ein eher schlechtes und ein gutes dargestellt werden, die zeigen, dass eine Leitbildentwicklung sehr unterschiedlich betrieben werden kann und entsprechend auch unterschiedliche Effekte hat.

5.3.1 Eine Universität

„Von oben" vorgegebene Profilbildung

Das erste Beispiel, das wieder in anonymisierter und modifizierter Form dargestellt werden soll, betrifft eine größere deutsche Universität. Im Rahmen ministerieller Vorgaben sollten alle Universitäten des Bundeslandes bis zu einem bestimmten Datum Profilentwicklungspläne vorlegen. Dies wäre eine gute Gelegenheit gewesen, in der Hochschule mit allen Beteiligten zu diskutieren, wofür die Universität steht, wo sie hin will, was ihre herausragenden Schwerpunkte in der Forschung, aber auch ihre Besonderheiten in der Lehre sind und wie man miteinander umgehen möchte. Der Autor hat dem Rektorat vorgeschlagen, dazu eine Zukunftskonferenz, wie in Abschnitt 4.1 und auf der beiliegenden Karte beschrieben, durchzuführen. Man hätte dazu

110

Mitglieder aller wichtigen Gruppierungen (Professorinnen und Professoren, Dekanatsmitglieder, Senatoren, Studierende, Vertreter der Administration usw.) einladen sollen und mithilfe externer Moderatoren einen Tag lang einen ersten Entwurf für ein Leitbild diskutieren können, der dann wiederum in Fachbereichen und anderen Einrichtungen diskutiert und modifiziert und schließlich von einer Kommission finalisiert hätte werden können. Auf diese Art hätte man ein Ergebnis bekommen, mit dem sich möglichst alle Betroffenen hätten identifizieren können.

Der Rektor entschied sich für ein anderes Vorgehen: Sein persönlicher Referent entwarf ein mehrseitiges Dokument, dass vor allem auf den früheren Erfolgen in der Forschung basierte und diese sehr breit ausführte. Dazu wurden einige der üblichen Statements ergänzt, wie „Wir sind eine tolerante, innovative ... Hochschule, in der alle fair miteinander umgehen ...". Der Entwurf wurde dann an alle Senatoren und Dekane geschickt mit der Vorgabe, innerhalb von 14 Tagen Änderungswünsche vorzulegen. Nach Ablauf dieser Frist wurde der Profilentwicklungsplan dem Senat als Beschlussempfehlung vorgelegt. Dort gab es dann eine hitzige Diskussion, in der erstens das Verfahren, wie der Plan zustande kam, kritisiert wurde und zweitens jede Menge inhaltlicher Fragen aufkamen, zum Beispiel fühlten sich einige Fächer nicht repräsentiert usw. Auf Druck des Rektors und mit dem Argument, dass der Plan ja nur für das Ministerium sei, wurde ihm dann zugestimmt. Wie man sich denken kann, landete der schöne Plan in den Schubladen des Ministeriums und der Universitätsverwaltung, und er hatte keinerlei Auswirkungen auf die tägliche Arbeit und den Umgang an der Hochschule und keine Implikationen für strategische Entscheidungen des Rektorates.

Kürzlich war ich als Gastprofessor an der Business School der Renmin University in Peking tätig. Dort hängt im Eingangsbereich eine große Tafel, in der auf Chinesisch und Englisch die Mission der Business School formuliert ist, die frei übersetzt „Chinesische Wurzeln, globale Wirkung" heißt, eine Vision für die Zukunft ausgegeben wird („eine der am meisten respektierten Business Schools in der Welt zu sein") und die wichtigsten Werte beschrieben werden, mit denen diese Vision erreicht werden soll („Wahrheitssuche, Innovation, Zusammenarbeit, Offenheit"). Ich weiß nicht, in welchem Diskussionsprozess dieses Leitbild entstanden ist – aber man hat im Umgang mit den Kollegen gespürt, dass sie das Leitbild kannten und die Werte persönlich auch als wichtig einschätzten. Mehrfach wurde mir die Tafel gezeigt – so etwas habe ich bislang weder an der oben beschriebenen noch an einer anderen deutschen Universität erlebt.

5.3.2 Das Unternehmen Heraeus

Die Heraeus Holding AG gehört mit weltweit fast 13.000 Mitarbeitern und einem Jahresumsatz von ca. 15 Milliarden Euro (in 2014) zu einer der umsatzstärksten Unternehmungen in Deutschland. Aber wenn man in Ni-

Systematische Leitbildentwicklung

111

schenprodukten unterwegs ist und Dentalzubehör produziert oder Edelmetalllegierungen für Füllfederhalter (hier ist Heraeus seit 100 Jahren Weltmarktführer), fällt es schwer, die Mitarbeiter über eine starke Markenidentität emotional zu erreichen und sie stolz auf „ihre" Firma zu machen.

Eine nach außen klare Markenidentität, die auch auf die Mitarbeiter wirkt, ist das eine. Es muss aber auch ein nach innen klares Bild von dem geben, was die Organisation tut und wie sie handelt. Und genau hier kann es der Mittelständler oder ein Konzern wie Heraeus ebenfalls schaffen, eine starke Identität aufzubauen, indem sie klare Leitbilder entwickeln.

Die Heraeus Holding AG ist dafür ein sehr gutes Beispiel. Erstens wurden bei der Entwicklung des Konzernleitbildes im Jahr 2010 alle wichtigen Mitarbeitergruppen eingebunden. Zweitens ist das Leitbild sehr konkret und formuliert konkrete Ziele für alle Mitarbeiter, Führungskräfte und die Gesellschafter. Ein Verhaltenskodex regelt zum Beispiel, dass es in allen Ländern, in denen Heraeus tätig ist, eine faire Entlohnung aller Mitarbeiter gibt und Führungskräfte die Verantwortung für die Gewährleistung von Arbeitssicherheit und Arbeitsschutz haben.

Unsere eigene Forschung mit Niels van Quaquebeke von der Kühne Logistics University (siehe van Quaquebeke et al., 2014) in Hamburg hat aber gezeigt, dass es nicht nur wichtig ist, sich im Leitbild auf ideale Werte zu verpflichten, also auf das, was man erreichen und wofür man stehen möchte. Sondern es ist zusätzlich wichtig, sich klar abzugrenzen von dem, was man gerade nicht möchte, wofür man nicht stehen möchte – wir nennen das *Anti-Ideale*, die im Leitbild ebenso formuliert sein sollten. Bei Heraeus sind dies zum Beispiel klare Aussagen, Korruption nicht zu tolerieren oder sich nicht an Waffengeschäften zu beteiligen. Dies gibt den Mitarbeitern klare Orientierungspunkte.

Drittens ist das Leitbild griffig. Heraeus hat das Symbol des Leuchtturms zur Darstellung des Konzernleitbildes verwendet. Der Leuchtturm wird auf der ganzen Welt verstanden als Symbol für Orientierung – gerade in Zeiten stürmischen Wetters und unruhiger See.

Schließlich ist es wichtig, dass ein Leitbild nicht nur für den Tag geschaffen wird, sondern langfristige Orientierung bietet. Heraeus hat das Leitbild für 10 Jahre festgeschrieben, sodass es bis 2020 Gültigkeit besitzt. Es soll dann aber auch wieder hinterfragt und gegebenenfalls angepasst werden.

5.4   Umgang mit den Mitarbeitern

In diesem Abschnitt werde ich anhand von Beispielen zeigen, wie unterschiedlich Unternehmen mit ihren Mitarbeiterinnen und Mitarbeitern umgehen. Auch wenn ich keine Daten zur Mitarbeiteridentifikation habe, kann man davon ausgehen, dass der Umgang der Unternehmen und ihrer Führungskräfte mit den Mitarbeitern sich auf die Identifikation auswirkt. Zuerst werde ich die bekannten Unternehmen Schlecker/Ihr Platz und die dm-Drogeriemarktkette miteinander vergleichen. Anschließend werde ich noch anhand des Beispiels MedSkin Solutions zeigen, wie man mit sehr kleinen Maßnahmen den Mitarbeitern zeigen kann, dass sie „dazugehören".

5.4.1 Schlecker/Ihr Platz und dm

George Akerlof, der Ökonomie-Nobelpreisträger von 2001, hat die Ideen der Theorie der Sozialen Identität (vgl. Abschnitt 2.1) in den letzten Jahren in die ökonomische Theoriebildung eingeführt (Akerlof & Kranton, 2005, 2008). Nach Akerlof und Kranton haben Unternehmen und Führungskräfte im Wesentlichen zwei Handlungsmöglichkeiten: Sie können entweder Vertrauen zu den Mitarbeitern haben und gemeinsame Identitäten schaffen, nach denen sich die Mitarbeiterinnen und Mitarbeiter richten, weil sie sich mit den Zielen des Unternehmens identifizieren. Alternativ können Unternehmen ein hohes Maß an Zielorientierung erreichen, indem sie ihre Mitarbeiter möglichst genau und umfassend kontrollieren, um bei Abweichungen von Zielen und Regeln schnell sanktionieren zu können.

Identität versus Kontrolle

Der erste Ansatz wurde in diesem Buch bereits ausführlich und durchgängig als sinnvoll beschrieben. Der zweite Ansatz ist nach Akerlof erstens mit erhöhten Kosten verbunden, denn um die Kontrolle auszuüben, braucht man technische Hilfsmittel (z. B. zur Zeiterfassung) und oft zusätzliche Hierarchieebenen. Zweitens signalisiert die Kontrolle den Mitarbeitern vor allem eines: nämlich dass man ihnen nicht vertraut. Und dieses Misstrauen wirkt demotivierend und führt gerade zu den Phänomenen, die man eigentlich verhindern will (unproduktive Arbeit, längere Pausen, Diebstahl usw.; vgl. Nerdinger, 2008), worauf wiederum mit noch mehr Kontrolle geantwortet werden muss usw. Wie die beiden unterschiedlichen Ansätze in der Praxis aussehen, lässt sich gut illustrieren an der Drogeriemarktkette dm auf der einen Seite und an dem 2012 in die Insolvenz gegangenen Unternehmen Schlecker/Ihr Platz.

dm
Der erste dm-Drogeriemarkt wurde von Götz Werner im Jahr 1973 eröffnet. Heute ist dm mit 3.200 Filialen in 12 europäischen Ländern vertreten, allein in Deutschland gibt es über 1.700 Filialen. dm beschäftigt in Europa ca. 55.000 Mitarbeiter – davon ca. 38.000 in Deutschland. Im Geschäftsjahr 2011/12 setzte das Unternehmen 14 Prozent mehr als im Vorjahreszeitraum um – auch dank der Pleite des Konkurrenten Schlecker.

Aufgrund des guten Geschäftsergebnisses in diesem Jahr zahlte dm an seine Mitarbeiter 13 Millionen Euro extra (das waren im Schnitt etwa 850 Euro pro Mitarbeiterin). Im Jahr 2014/15 machte das Unternehmen fast 10 Milliarden Euro Umsatz, davon 7 Milliarden Euro in Deutschland. Fast 10 Prozent der Mitarbeiter in Deutschland sind Auszubildende. Regelmäßig bekommt dm Auszeichnungen für guten Service, z. B. in den Service-Champions oder dem Kundenmonitor Deutschland.

Bei Flintz (2013) wird dieser gute Service schon in der Gestaltung der Filialen gesehen. Man findet breite Gänge und ein angenehmes Licht ohne Neonröhren. Flintz (2013, S. 119) zitiert im „Markencheck" aber auch den verdi-Vertreter Schark, der sagt „dm ist ein guter Arbeitgeber im Einzelhandel, er geht stärker auf die Beschäftigten ein. dm zahlt Tarifgehälter und Boni und Betriebsratsarbeit ist ungehindert möglich."

Vertrauensvolle Unternehmenskultur bei dm

Götz Werner hat bei dm eine Unternehmenskultur geprägt und gefördert, die mit dem Stichwort *„dialogische Führung"* bezeichnet wird (Dietz & Kracht, 2011). Diese Kultur zeichnet sich durch flache Hierarchien und einen großen Entscheidungsspielraum für die Mitarbeiterinnen und Mitarbeiter vor Ort in den Filialen aus. Engeser (2013) schreibt dazu in der Wirtschaftswoche: „Nach eigenen Angaben räumt der Unternehmensgründer Götz Werner dem Arbeitsklima einen höheren Stellenwert ein als dem Profit." In einem Gespräch mit mir (siehe https://www.youtube.com/watch?v=iEd55q13Vsc) bekräftigt Werner seine Haltung, dass die Mitarbeiterinnen und Mitarbeiter Freiräume für selbstständiges Denken und Handeln und für die persönliche Entwicklung benötigen. Er sieht Zutrauen in die Kompetenzen der Mitarbeiter als entscheidend für den Unternehmenserfolg und sagt „Ein guter Chef ist wie ein Gärtner. Das heißt: Er muss seinem Pflänzchen optimale Bedingungen bieten, damit es gedeiht". Deshalb gibt es für die Mitarbeiter keine Anweisungen, sondern Empfehlungen und Angebote – unter anderem auch in Form von Kultur- und Theaterworkshops und Besuchen von Kunstausstellungen (Engeser, 2013). Die Mitarbeiterinnen und Mitarbeiter können sehr viel selbst entscheiden, z. B. über das Sortiment, die Regalbestückung, die Planung der Arbeitseinsätze, die Besetzung von Leitungsstellen in den Filialen, teilweise auch über das Gehalt. Werner verzichtet auf Bonuszahlungen, weil er davon ausgeht, „dass bei uns jeder immer so gut arbeitet, wie er kann" (Engeser, 2013).

Damit verkörpert Werner das, was Akerlof als *identitätsbasiertes Unternehmensmodell* bezeichnet. Murnighan (2012) bringt die Aufgabe für Führungskräfte auf die provokante Formel „Do Nothing!" und meint damit ebenfalls, dass Führungskräfte ihre Zeit nicht mit Mikromanagement im Sinne von Kontrolle vergeuden sollen, sondern Vertrauen in die Mitarbeiter haben und sie „einfach machen" lassen müssen.

Götz Werner ist damit „eine Art Anti-Schlecker" – so beschreibt ihn Serviceplan-Chef Florian Haller und sagt „die Kunden fühlen sich wohl, weil sie den Eindruck haben, dass dm nicht auf Teufel komm raus die Flächen vollpackt, um noch den letzten Cent Umsatz rauszuholen" (Engeser, 2013).

Schlecker / Ihr Platz

1975 eröffnete Anton Schlecker seinen ersten Drogeriemarkt. Bereits 1977 waren es 100 Filialen und 1984 1.000 Drogerien. Seit 1994 war Schlecker Marktführer. Bis 2006 expandierte Schlecker in das europäische Ausland mit Filialen in Österreich, den Niederlanden, Frankreich, Italien, Polen, Dänemark, Tschechien, Ungarn und Portugal. In Deutschland übernahm Schlecker im Jahr 2001 240 Sconti-Märkte der Rewe Group, im Jahr 2005 91 Filialen der Drogeriemarktkette idea und Ende 2007 übernahm Schlecker Ihr Platz. 2008 machte Schlecker mit ca. 50.000 Mitarbeitern in Europa einen Jahresumsatz von über 7 Milliarden Euro. 2010 wurden finanzielle Probleme erstmals öffentlich und das Unternehmen kündigte Filialschließungen in großem Stil an. Im Jahr 2012 ging das Unternehmen dann in die Insolvenz.

Schlecker stand immer wieder in der öffentlichen Kritik, unter anderem weil Betriebsräte dort nicht zugelassen bzw. massiv in ihrer Arbeit behindert wurden. Anton und Christa Schlecker wurden 1998 wegen Betrugs verurteilt, weil den Beschäftigten Tariflöhne vorgetäuscht wurden, tatsächlich aber geringere Löhne gezahlt worden waren (Keun & Langer, 2003). Auch sollen Gespräche der Mitarbeiter abgehört und diese mit Kameras überwacht worden sein oder Mitarbeiter klagten darüber, nicht zur Toilette gehen zu dürfen und zu unbezahlten Überstunden gezwungen zu werden (Neumann, 2013). Auch wenn sich einige dieser Klagen nicht beweisen ließen, führten sie nach und nach zu einem massiven Imageschaden.

Jenny Smidt hat 2014 als eine betroffene Angestellte und Filialleiterin bei Schlecker bzw. Ihr Platz in ihrem Bericht „Schleckerfrauen" auf sehr persönliche Art geschildert, wie sich das Klima bei Ihr Platz verändert hat, nachdem die Kette vom Schlecker-Konzern übernommen worden war. Sie berichtet von unnötigen Arbeitsanweisungen der Bezirksleitungen an die Filialleiterinnen und vor allem von ständigen Kontrollen. Während sie im „alten" Ihr Platz ein Gefühl des Miteinanders und weitgehender Autonomie erlebt hatte, beschreibt sie nach der Übernahme durch Schlecker als ihre Aufgaben als Filialleiterin: „Auf der Kontrollliste waren etliche Taschenkontrollen vorgesehen, die ich handhaben musste, bei meinen Leuten. Dann noch eine Schlüsselkontrolle, Wareneingangskontrolle, Verhalten der Mitarbeiter z. B. an der Kasse und den Kunden gegenüber, Mindesthaltbarkeitskontrolle, Namensschildchenkontrolle … [an] manchen Tagen fühlte ich mich gar nicht mehr wie ein Mensch, sondern mehr wie eine Maschine,

Misstrauenskultur bei Schlecker

die … nur noch mit Kontrollblick zuerst aufs Namensschildchen schaut"
(S. 88). Zu den eigenen Kontroll„zwängen" käme das Gefühl, ständig von
der Bezirksleitung kontrolliert zu werden.

Man erkennt an diesen Äußerungen, wie auch an den Klageverfahren und
anderen kritischen Äußerungen in der Öffentlichkeit, die deutlich andere
Unternehmenskultur bei Schlecker im Vergleich zu der bei dm. Dies wurde
von den Kindern Anton Schleckers, die ab 2010/11 die Leitung des Konzerns
übernahmen, auch erkannt und es wurde versucht, mit neuen Strategien ge-
genzusteuern. So wurde 2011 das Investitionsprogramm „Fit for Future"
gestartet, bei dem neue Manager von außerhalb geholt und mit Kompetenzen ausgestattet wurden (Buchenau, 2011). Im Jahr 2011 sollte mit einem
neuen Regelwerk für Führungskräfte auch der schlechte Ruf des Unternehmens in Bezug auf Arbeitnehmerrechte verbessert werden. Die Leitlinien
für die Führung wurden erstmals in der Konzerngeschichte auch mit der
Gewerkschaft abgestimmt (Wagemann, 2011). Offensichtlich kamen diese
Rettungsversuche zu spät. Mitte 2012 ging das Unternehmen in die Insolvenz, nach und nach wurde der Konzern zerschlagen und allein in Deutschland verloren 22.000 Beschäftigte ihre Arbeit (siehe Alter, 2012).

5.4.2 MedSkin Solutions Dr. Suwelack AG

Das Unternehmen MedSkin Solutions wurde 1997 gegründet und entwickelte sich stetig weiter. Heute ist es mit über 100 Mitarbeitern am Haupt-
standort Billerbeck in Westfalen vertreten und hat Niederlassungen in Japan,
den USA und Brasilien. Das Unternehmen stellt Medizin- und Hautpflege-
produkte her und machte 2014 einen Umsatz von gut 20 Millionen Euro.

MedSkin Solutions beschäftigt viele Biologen und Biochemiker und erlebt
wie viele Mittelständler in der derzeitigen Arbeitsmarktsituation ständig die
Herausforderung, gute Fachkräfte zu finden und zu halten. Das Unternehmen wirbt dabei mit einem hohen Grad an Autonomie und Flexibilität und
der Möglichkeit, sich – auch im internationalen Kontext – weiterentwickeln
zu können.

Visitenkarten für alle An dieser Stelle sei aber lediglich ein kleines, ganz praktisches Beispiel genannt, was es heißt, den Mitarbeitern einen Grund für hohe Identifikation
zu bieten. Geschäftsführerin Diana Ferro hatte vor einigen Jahren auf einer
Messe den Vorschlag aufgegriffen, doch für alle Mitarbeiterinnen und Mitarbeiter Visitenkarten einzuführen. Dies setzte sie dann sehr schnell in die
Praxis um, und bei MedSkin Solutions hat wirklich jede Mitarbeiterin und
jeder Mitarbeiter eine eigene Visitenkarte – egal wo und in welcher Funktion man beschäftigt ist. Dies gilt auch für die Mitarbeiter in der Produktion und das Reinigungspersonal. Diana Ferro sagt, dass die Mitarbeiterin-

nen und Mitarbeiter stolz auf ihre Karten sind und diese auch benutzen und damit für das Unternehmen werben.

Aus meiner Sicht ist es ein einfaches, aber wirkungsvolles Zeichen, gerade in einem Hochtechnologieunternehmen allen Mitarbeitern zu zeigen, dass sie Teil des Unternehmens sind und dass sie „dazugehören". Dies scheint auch zu wirken: So schreibt ein Mitarbeiter aus der Forschungs- und Entwicklungsabteilung auf der Unternehmenshomepage: „Vom ersten Tag an war ich ein integraler Bestandteil einer warmherzigen und offenen Gemeinschaft. Teamwork ist hier nicht nur erwünscht, sondern wird wirklich praktiziert."

6 Literaturempfehlung

Felfe, J. (2008). *Mitarbeiterbindung.* Göttingen: Hogrefe.

van Dick, R. (2015). *Stress lass' nach! Wie Gruppen unser Stresserleben beeinflussen.* Heidelberg: Springer.

7 Literatur

Abrams, D. & Randsley de Moura, G. (2001). Organizational identification: psychological anchorage and turnover. In M.A. Hogg & D.J. Terry (Eds.), *Social identity processes in organizational contexts* (pp. 131–148). Philadelphia, PA: Psychology Press.

Adams, J.S. (1965). Inequity and social exchange. In L. Berkowitz (Ed.), *Advances in experimental social psychology* (pp. 267–299). New York: Academic Press.

Akerlof, G.A. & Kranton, R.E. (2005). Identity and the economics of organizations. *The Journal of Economic Perspectives, 19,* 9–32. http://doi.org/10.1257/0895330053147930

Akerlof, G.A. & Kranton, R.E. (2008). Identity, supervision, and work groups. *The American Economic Review, 98,* 212–217. http://doi.org/10.1257/aer.98.2.212

Allen, N.J. & Meyer, J.P. (1990). The measurement and antecedents of affective, continuance and normative commitment to the organization. *Journal of Occupational Psychology, 63,* 1–18. http://doi.org/10.1111/j.2044-8325.1990.tb00506.x

Allport, G.W. (1954). *The nature of prejudice.* Reading: Addison-Wesley.

Alter, R. (2012). *Schlecker oder: Geiz ist dumm: Aufstieg und Absturz eines Milliardärs.* Berlin: Rotbuch.

Altmann, G., Fiebiger, H. & Müller, R. (2001). *Mediation: Konfliktmanagement für moderne Unternehmen.* Weinheim: Beltz.

Angle, H.L. & Perry, J.L. (1981). An empirical assessment of organizational commitment and organizational effectiveness. *Administrative Science Quarterly, 27,* 1–14. http://doi.org/10.2307/2392596

Ashforth, B.E. (2001). *Role transitions in organizational life. An identity-based perspective.* Mahwah: Erlbaum.

Ashforth, B.E. & Mael, F. (1989). Social Identity Theory and the organization. *Academy of Management Journal, 14,* 20–39.

Ashforth, B.E., Rogers, K.M., Pratt, M.G. & Pradies, C. (2014). Ambivalence in organizations: A multilevel approach. *Organization Science, 25,* 1453–1478. http://doi.org/10.1287/orsc.2014.0909

Avanzi, L., Schuh, S., Fraccaroli, F. & van Dick, R. (2015). Why does organizational identification relate to reduced employee burnout? The mediating influence of social support and collective efficacy. *Work & Stress, 29,* 1–10. http://doi.org/10.1080/02678373.2015.1004225

Avanzi, L., van Dick, R., Fraccaroli, F. & Sarchielli, G. (2012). The downside of organizational identification: Relationships between identification, workaholism and well-being. *Work & Stress, 26,* 289–307. http://doi.org/10.1080/02678373.2012.712291

Bachman, B.A. (1993). *An intergroup model of organizational mergers.* Unpublished doctoral dissertation. Newark: University of Delaware.

Barshaw, E.R. & Grant, S.E. (1994). Exploring the distinctive nature of work commitments: Their relationships with personal characteristics, job performance, and propensity to leave. *Journal of Personal Selling and Sales Management, 14,* 41–56.

Baugh, S.G. & Roberts, R.M. (1994). Professional and organizational commitment among engineers: Conflicting or complementing? *IEEE Transactions on Engineering Management, 41,* 108–114. http://doi.org/10.1109/17.293377

Becker, H.S. (1960). Notes on the concept of commitment. *American Journal of Sociology, 66,* 32–42. http://doi.org/10.1086/222820

Becker, T.E., Billings, R.S., Eveleth, D.M. & Gilbert, N.L. (1996). Foci and bases of employee commitment: implications for job performance. *Academy of Management Journal, 39,* 464–482. http://doi.org/10.2307/256788

Becker, T.F., Ullrich, J. & van Dick, R. (2013). Within-person variation in affective commitment to teams: Where it comes from and why it matters. *Human Resource Management Review, 23,* 131–147. http://doi.org/10.1016/j.hrmr.2012.07.006

Bergami, M. & Bagozzi, R.P. (2000). Self-categorization, affective commitment and group self-esteem as distinct aspects of social identity in the organization. *British Journal of Social Psychology, 39,* 555–577. http://doi.org/10.1348/014466600164633

Berry, J.W. (1997). Immigration, acculturation, and adaptation. *Applied Psychology: An International Review, 46,* 4–68.

Birkigt, K., Stadler, M.M. & Funck, H.J. (2000). *Corporate Identity. Grundlagen, Funktionen, Fallbeispiele.* Landsberg: Verlag für Moderne Industrie.

Blader, S.L. & Tyler, T.R. (2009). Testing and extending the group engagement model: linkages between social identity, procedural justice, economic outcomes, and extrarole behavior. *Journal of Applied Psychology, 94,* 445–464. http://doi.org/10.1037/a0013935

Blanz, M., Mummendey, A., Mielke, R. & Klink, A. (1998). Responding to negative social identity: A taxonomy of identity management strategies. *European Journal of Social Psychology, 28,* 697–729. http://doi.org/10.1002/(SICI)1099-0992(199809/10)28:5<697::AID-EJSP889>3.0.CO;2-#

Bornstein, G. & Erev, I. (1997). The enhancing effect of intergroup competition on group performance. In C.K.W. de Dreu & E. van der Vliert (Eds.), *Using conflict in organizations* (pp. 116–128). London: Sage.

Boucher, W.I. (1980). *The process of conglomerate merger.* Washington: Bureau of Competition, Federal Trade Commission.

Bourhis, R.Y. & Barette, G. (2001). *Mergers and the vitality of organizations: Towards an interactive acculturation model.* Manuscript submitted for publication.

Bourhis, R.Y., Moise, C.L., Perreault, S. & Senéca, S. (1997). Immigration und Multikuralismus in Kanada: Die Entwicklung eines interaktiven Akkulturationsmodells. In A. Mummendey & B. Simon (Hrsg.), *Identität und Verschiedenheit* (S. 63–107). Bern: Huber.

Bourhis, R.Y., Montaruli, E., El-Geledi, S., Harvey, S.P. & Barrette, G. (2010). Acculturation in multiple host community settings. *Journal of Social Issues, 66,* 780–802. http://doi.org/10.1111/j.1540-4560.2010.01675.x

Brewer, M.B. (1991). The social self: On being the same and different at the same time. *Personality and Social Psychology Bulletin, 17,* 475–482. http://doi.org/10.1177/0146167291175001

Brown, M.E. (1969). Identification and some conditions of organizational involvement. *Administrative Science Quarterly, 14,* 346–355. http://doi.org/10.2307/2391129

Brown, R., Condor, S., Matthews, A., Wade, G. & Williams, J. (1986). Explaining intergroup differentiation in an industrial organization. *Journal of Occupational Psychology, 59,* 273–286. http://doi.org/10.1111/j.2044-8325.1986.tb00230.x

Buchenau, M.-W. (2011). *Schlecker holt familienfremde Manager in die Spitze.* Zugriff am 08.07.2016. Verfügbar unter: http://www.handelsblatt.com/unternehmen/mittelstand/drogeriekette-schlecker-holt-familienfremde-manager-in-die-spitze/3768682.html

Bycio, P., Hackett, R.D. & Allen, J.S. (1995). Further assessments of Bass' (1985) conceptualisation of transactional and transformational leadership. *Journal of Applied Psychology, 80,* 468–478.

Cartwright, S. & Cooper, C. L. (1996). *Managing mergers acquisitions and strategic alliances: Integrating people and cultures.* Woburn: Butterworth-Heinemann.

Cheney, G. (1983). On the various and changing meaning s of organizational membership: A field study of organizational identification. *Communication Monographs, 50,* 342–362. http://doi.org/10.1080/03637758309390174

Christ, O., van Dick, R., Wagner, U. & Stellmacher, J. (2003). When teachers go the extramile: Foci of organizational identification as determinants of different forms of organizational citizenship behavior among schoolteachers. *British Journal of Educational Psychology, 73,* 329–341. http://doi.org/10.1348/000709903322275867

Cialdini, R. B., Borden, R. J., Thorne, A., Walker, M. R., Freeman, S. & Sloan, L. R. (1976). Basking in reflected glory: Three (football) field studies. *Journal of Personality and Social Psychology, 34,* 366–375. http://doi.org/10.1037/0022-3514.34.3.366

Cole, R. T. (1989). Improving your small organization's image. *Public Relations Journal, 45,* 26–27.

Commerzbank. (n.d.). *Merkurflügel, „Quatre vents" und gelbes Band. Commerzbank-Logos gestern und heute.* Zugriff am 08.07.2016. Verfügbar unter: https://www.commerzbank. de/media/konzern_1/geschichte/download_8/hist_CB_Logos_de.pdf

Commerzbank. (2016). *Markenzeichen: Nach außen zeigen, wofür wir stehen.* Zugriff am 08.07.2016. Verfügbar unter: https://www.commerzbank.de/de/hauptnavigation/konzern/ die_marke_commerzbank/markenauftritt/markenzeichen/Markenzeichen.html

Cooper-Hakim, A. & Viswesvaran, C. (2005). The construct of work commitment: testing an integrative framework. *Psychological Bulletin, 131,* 241–259. http://doi.org/10.1037/ 0033-2909.131.2.241

Darden, W. R., Hampton, R. & Howell, R. D. (1989). Career versus organizational commitment: Antecedents and consequences of retail salespeoples' commitment. *Journal of Retailing, 65,* 80–106.

de Moura, G. R., Abrams, D., Retter, C., Gunnarsdottir, S. & Ando, K. (2009). Identification as an organizational anchor: How identification and job satisfaction combine to predict turnover intention. *European Journal of Social Psychology, 39,* 540–557. http://doi. org/10.1002/ejsp.553

Dessler, G. (1999). How to earn your employees' commitment. *Academy of Management, Executive, 13,* 58–67.

Dietz, K.-M. & Kracht, T. (2011). *Dialogische Führung: Grundlagen – Praxis – Fallbeispiel: dm-drogerie markt.* Frankfurt: Campus.

Doosje, B., Ellemers, N. & Spears, R. (1995). Perceived intragroup variability as a function of group status and identification. *Journal of Experimental Social Psychology, 31,* 410–436. http://doi.org/10.1006/jesp.1995.1018

Dukerich, J. M., Golden, B. R. & Shortell, S. M. (2002). Beauty is in the eye of the beholder: The impact of organizational identification, identity, and image on the cooperative behaviors of physicians. *Administrative Science Quarterly, 47,* 507–533. http://doi.org/10. 2307/3094849

Dutton, J. E., Dukerich, J. M. & Harquail, C. V. (1994). Organizational images and member identification. *Administrative Science Quarterly, 39,* 239–263. http://doi.org/10.2307/ 2393235

Ellemers, N., de Gilder, D. & van den Heuvel, H. (1998). Career-oriented versus team-oriented commitment and behavior at work. *Journal of Applied Psychology, 83,* 517–730.

Ellemers, N., Kortekaas, P. & Ouwerkerk, J. W. (1999). Self-categorisation, commitment to the group and group self-esteem as related but distinct aspects of social identity. *Euro-*

pean Journal of Social Psychology, 29, 371–389. http://doi.org/10.1002/(SICI)1099-0992(199903/05)29:2/3<371::AID-EJSP932>3.3.CO;2-L

Engeser, M. (2013). *Best Brands Awards: Götz Werner ist die beste Unternehmermarke.* Zugriff am 08.07.2016. Verfügbar unter: http://www.wiwo.de/unternehmen/handel/best-brands-awards-goetz-werner-ist-die-beste-unternehmermarke/7740346.html

Erev, I., Bornstein, G. & Galili, R. (1993). Constructive intergroup competition as a solution to the free rider problem: A field experiment. *Journal of Experimental Social Psychology, 29,* 463–478. http://doi.org/10.1006/jesp.1993.1021

Evans, A., Slater, M.J., Turner, M.J. & Barker, J.B. (2013). Using personal-disclosure mutual-sharing (PDMS) to enhance group functioning in a professional soccer academy. *The Sport Psychologist, 27,* 233–243. http://doi.org/10.1123/tsp.27.3.233

Felfe, J. (2008). *Mitarbeiterbindung.* Göttingen: Hogrefe.

Felfe, J. (2009). *Mitarbeiterführung.* Göttingen: Hogrefe.

Felfe, J. & Franke, F. (2012). *Commitment-Skalen (COMMIT). Fragebogen zur Erfassung von Commitment gegenüber Organisation, Beruf/Tätigkeit, Team, Führungskraft und Beschäftigungsform. Deutschsprachige Adaptation und Weiterentwicklung der Organizational Commitment Scale von J.P. Meyer und N. Allen.* Bern: Huber.

Felfe, J. & Franke, F. (2014). *Führungskräftetrainings.* Göttingen: Hogrefe.

Festinger, L. (1957). *A theory of cognitive dissonance.* Stanford: Stanford University Press.

Flintz, D. (Hrsg.). (2013). *Markencheck.* München: Redline.

Frisch, J.U., Häusser, J.A., van Dick, R. & Mojzisch, A. (2014). Making support work: The interplay between social support and social identity. *Journal of Experimental Social Psychology, 55,* 154–161. http://doi.org/10.1016/j.jesp.2014.06.009

Gaertner, S.L., Bachman, B.A., Dovidio, J. & Banker, B.S. (2001). Corporate mergers and stepfamily marriages: Identity, harmony, and commitment. In M.A. Hogg & D.J. Terry (Eds.), *Social identity processes in organizational contexts* (pp. 265–282). Philadelphia: Psychology Press.

Gautam, T., van Dick, R. & Wagner, U. (2001). Organizational commitment in Nepalese settings. *Asian Journal of Social Psychology, 4,* 239–248. http://doi.org/10.1111/1467-839X.00088

Gautam, T., van Dick, R. & Wagner, U. (2004). Organizational identification and organizational commitment: Distinct aspects of two related concepts. *Asian Journal of Social Psychology, 7,* 301–315. http://doi.org/10.1111/j.1467-839X.2004.00150.x

Gellatly, I.R., Hunter, K.H., Currie, L.G. & Irving, P.G. (2009). HRM practices and organizational commitment profiles. *The International Journal of Human Resource Management, 20,* 869–884. http://doi.org/10.1080/09585190902770794

Giessner, S.R. (2011). Is the merger necessary? The interactive effect of perceived necessity and sense of continuity on post-merger identification. *Human Relations, 64,* 1079–1098. http://doi.org/10.1177/0018726711406979

Giessner, S.R., Horton, K.E. & Humborstad, S.I.W. (2016). Identity management during organizational mergers: Empirical insights and practical advice. *Social Issues and Policy Review, 10* (1), 47–81. http://doi.org/10.1111/sipr.12018

Giessner, S.R., Ullrich, J. & van Dick, R. (2011). Social identity and corporate mergers. *Social and Personality Psychology Compass, 5,* 333–345. http://doi.org/10.1111/j.1751-9004.2011.00357.x

Giessner, S.R., Viki, G.T., Otten, S., Terry, D.J. & Täuber, S. (2006). The challenge of merging: Merger patterns, pre-merger status and merger support. *Personality and Social Psychology Bulletin, 32,* 339–352. http://doi.org/10.1177/0146167205282151

Gleibs, I.H., Täuber, S., Viki, G.T. & Giessner, S.R. (2013). When what we get is not what we want – The role of implemented versus desired merger patterns in support for mergers. *Social Psychology, 44*, 177–190. http://doi.org/10.1027/1864-9335/a000102

González, R. & Brown, R. (2006). Dual identities in intergroup contact: Group status and size moderate the generalization of positive attitude change. *Journal of Experimental Social Psychology, 42*, 753–767. http://doi.org/10.1016/j.jesp.2005.11.008

Greenhalgh, L. & Jick, T.D. (1979). *The relationship between job insecurity and turnover and its differential effect on employee quality level.* Paper presented at the annual meeting of the Academy of Management, Atlanta.

Hackman, J.R. & Oldham, G.R. (1980). *Work redesign.* Reading: Addison-Wesley.

Hall, D.T. & Schneider, B. (1972). Correlates of organizational identification as a function of career pattern and organizational type. *Administrative Science Quarterly, 17*, 340–350. http://doi.org/10.2307/2392147

Haslam, S.A. (2004). *Psychology in organizations: the social identity approach.* London: Sage Publications.

Haslam, S.A., Eggins, R.A. & Reynolds, K.J. (2003). The ASPIRe model: Actualizing Social and Personal Identity Resources to enhance organizational outcomes. *Journal of Occupational and Organizational Psychology, 76*, 83–113. http://doi.org/10.1348/09 6317903321208907

Haslam, S.A., O'Brien, A.T., Jetten, J., Vormedal, K. & Penna, S. (2005). Taking the strain: Social identity, social support and the experience of stress. *British Journal of Social Psychology, 44*, 355–370. http://doi.org/10.1348/014466605X37468

Haslam, S.A., Reicher, S.D. & Platow, M.J. (2011). *The new psychology of leadership: Identity, influence and power.* New York: Psychology Press.

Haslam, S.A. & van Dick, R. (2011). A social identity analysis of organizational well-being. In D. De Cremer, R. van Dick & K. Murnighan (Eds.), *Social psychology and organizations* (pp. 325–352). New York: Taylor & Francis.

Haunschild, P.R., Moreland, R.L. & Murrell, A.J. (1994). Sources of resistance to mergers between groups. *Journal of Applied Social Psychology, 24*, 1150–1178. http://doi.org/10.1111/j.1559-1816.1994.tb01549.x

Häusser, J.A., Kattenstroth, M., van Dick, R. & Mojzisch, A. (2012). 'We' are not stressed. Social identity in groups buffers neuroendocrine stress reactions. *Journal of Experimental Social Psychology, 48*, 973–977. http://doi.org/10.1016/j.jesp.2012.02.020

Hennessy, J. & West, M.A. (1999). Intergroup behavior in organizations. *Small Group Research, 30*, 361–382. http://doi.org/10.1177/104649649903000305

Hirst, G., van Dick, R. & van Knippenberg, D. (2009). A social identity perspective on leadership and employee creativity. *Journal of Organizational Behavior, 30*, 963–982. http://doi.org/10.1002/job.600

Hogg, M.A. (1993). Group cohesiveness: A critical review and some new directions. *European Review of Social Psychology, 4*, 85–111. http://doi.org/10.1080/14792779343000031

Hogg, M.A., van Knippenberg, D. & Rast, D. III (2012). The social identity theory of leadership: Theoretical origins, research findings, and conceptual developments. *European Review of Social Psychology, 23*, 258–304. http://doi.org/10.1080/10463283.2012.741134

Hogg, M.A. & Vaughan, G.M. (2014). *Social psychology* (7th edition). Harlow: Pearson.

Hossiep, R. & Mühlhaus, O. (2015). *Personalauswahl und -entwicklung mit Persönlichkeitstests* (2., vollst. überarb. u. erw. Aufl.). Göttingen: Hogrefe.

Ingram, T. N., Lee, K. S. & Skinner, S. (1989). An empirical assessment of salesperson motivation, commitment, and job outcomes. *Journal of Personal Selling and Sales Management, 9,* 25–33.

Jackson, J. W. (2002). Intergroup attitudes as a function of different dimensions of group identification and perceived intergroup conflict. *Self and Identity, 1,* 11–34. http://doi.org/10.1080/152988602317232777

Jin, F. E. (2001, 12. Juli). Live up to company's brand name, corporate identity. *Business Times,* S. 14.

Johnston, G. P. & Snizek, W. (1991). Combining head and heart in complex organizations: A test of Etzioni's dual compliance structure hypothesis. *Human Relations, 44,* 1255–1272. http://doi.org/10.1177/001872679104401202

Kals, E. & Ittner, H. (2008). *Wirtschaftsmediation.* Göttingen: Hogrefe.

Kanungo, R. N. (1982). Measurement of job and work involvement. *Journal of Applied Psychology, 67,* 341–349. http://doi.org/10.1037/0021-9010.67.3.341

Kerschreiter, R. & van Dick, R. (2017). Führung in Gruppen: Der soziale Identitätsansatz der Führung. In H. W. Bierhoff & D. Frey (Hrsg.), *Kommunikation, Interaktion und soziale Gruppenprozesse* (Enzyklopädie der Psychologie, Serie Sozialpsychologie, Bd. 3, S. 719–743). Göttingen: Hogrefe.

Ketturat, C., Frisch, J. U., Ullrich, J., Häusser, J. A., van Dick, R. & Mojzisch, A. (2016). Disaggregating within- and between-person effects of social identification on subjective and endocrinological stress reactions in a real-life stress situation. *Personality and Social Psychology Bulletin, 42,* 147–160. http://doi.org/10.1177/0146167215616804

Keun, C. & Langer, K. (2003). *Knüppeln, knausern, kontrollieren.* Zugriff am 08. 07. 2016. Verfügbar unter: http://www.manager-magazin.de/unternehmen/karriere/a-276910.html

Kim, W. C. & Mauborgne, R. A. (1993). Procedural justice, attitudes, and subsidiary top management compliance with multinationals' corporate strategic decisions. *Academy of Management Journal, 36,* 502–528. http://doi.org/10.2307/256590

King, D. R., Dalton, D. R., Daily, C. M. & Covin, J. G. (2004). Meta analyses of post acquisition performance: Indications of unidentified moderators. *Strategic Management Journal, 25,* 187–200. http://doi.org/10.1002/smj.371

Kirschbaum, C., Pirke, K., Hellhammer, D. H. (1993). The "Trier Social Stress Test" – a tool for investigating psychobiological stress response in a laboratory setting. *Neuropsychobiology, 28,* 76–81.

Klein, H., Brinsfield, C., Cooper, J. & Molloy, J. (2016). Quondam commitments: An examination of commitments employees no longer have. *Academy of Management Discoveries.* Advance online publication. http://doi.org/10.5465/amd.2015.0073

Kleinmann, M. (2013). *Assessment-Center* (2., überarb. u. erw. Aufl.). Göttingen: Hogrefe.

Konovsky, M. A. & Cropanzano, R. (1991). Perceived fairness of employee drug testing as a predictor of employee attitudes and job performance. *Journal of Applied Psychology, 42,* 168–177.

Kreiner, G. E & Ashforth, B. E. (2004). Evidence toward an expanded model of organizational identification. *Journal of Organizational Behavior, 25,* 1–27. http://doi.org/10.1002/job.234

Krumm, S. & Schmidt-Atzert, L. (2009). *Leistungstests im Personalmanagement.* Göttingen: Hogrefe.

Lee, E.-S., Park, T.-Y. & Koo, B. (2015). Identifying Organizational Identification as a Basis for Attitudes and Behaviors: A Meta-Analytic Review. *Psychological Bulletin, 141,* 1049–1080. http://doi.org/10.1037/bul0000012

Lee, S. M. (1969). Organizational identification of scientists. *Academy of Management Journal, 12,* 327–337. http://doi.org/10.2307/255180

Lee, S.M. (1971). An empirical analysis of organizational identification. *Academy of Management Journal, 14,* 213–226. http://doi.org/10.2307/255308

Leong, S.M., Randall, D.M. & Cote, J.A. (1994). Exploring the organizational commitment-performance linkage in marketing : A study of life insurance salespeople. *Journal of Business Research, 29,* 57–63. http://doi.org/10.1016/0148-2963(94)90027-2

Li, Y., Fan, J. & Zhao, S. (2015). Identification as a double-edged sword: The dual effects of organizational identification on job satisfaction and life satisfaction. *Journal of Personnel Psychology, 14,* 182–191. http://doi.org/10.1027/1866-5888/a000133

Lohaus, D. (2010). *Outplacement.* Göttingen: Hogrefe.

Lupina-Wegener, A., Drzensky, F., Ullrich, J. & van Dick, R. (2014). Focusing on the bright tomorrow? A longitudinal study of organizational identification and projected continuity in a corporate merger. *British Journal of Social Psychology, 53,* 752–772. http://doi.org/10.1111/bjso.12056

Lupina-Wegener, A., Schneider, S.C. & van Dick, R. (2011). Different experiences of sociocultural integration: A European merger in Mexico. *Journal of Organizational Change Management, 24,* 65–89. http://doi.org/10.1108/09534811111102292

Mael, F. & Ashforth, B.E. (1992). Alumni and their alma mater: A partial test of the reformulated model of organizational identification. *Journal of Organizational Behavior, 13,* 103–123. http://doi.org/10.1002/job.4030130202

Marcks, M.L. & Mirvis, P.H. (2001). Making Mergers and Acquisitions work: Strategic and psychological preparation. *The Academy of Management Executive, 15,* 80–94. http://doi.org/10.5465/AME.2001.4614947

Markovits, Y., Davis, A. & van Dick, R. (2007). Organizational commitment profiles and job satisfaction among Greek public and private sector employees. *International Journal of Cross-Cultural Management, 7,* 77–99. http://doi.org/10.1177/1470595807075180

Mathieu, J.E. & Zajac, D.M. (1990). A review and meta-analysis of the antecedents, correlates, and consequences of organizational commitment. *Psychological Bulletin, 108,* 171–194. http://doi.org/10.1037/0033-2909.108.2.171

Meyer, J.P. & Allen, N.J. (1991). A three-component conceptualization of organizational commitment. *Human Resource Management Review, 1,* 61–89. http://doi.org/10.1016/1053-4822(91)90011-Z

Meyer, J.P. & Allen, N.J. (1997). *Commitment in the workplace.* Thousand Oaks: Sage.

Meyer, J.P., Allen, N.J. & Smith, C.A. (1993). Commitment to organizations and occupations: Extensions and test of a three-component conceptualization. *Journal of Applied Psychology, 78,* 538–551. http://doi.org/10.1037/0021-9010.78.4.538

Meyer, J.P., Becker, T.E. & van Dick, R. (2006). Social identities and commitments at work: Toward an integrative model. *Journal of Organizational Behavior, 27,* 665–683. http://doi.org/10.1002/job.383

Meyer, J.P., Stanley, D.J., Herscovitch, L. & Topolnytsky, L. (2002). Affective, continuance, and normative commitment to the organization: A meta-analysis of antecedents, correlates, and consequences. *Journal of Vocational Behavior, 61,* 20–52. http://doi.org/10.1006/jvbe.2001.1842

Meyer, J.P., Stanley, D.J., Jackson, T.A., McInnis, K.J., Maltin, E.R. & Sheppard, L. (2012). Affective, normative, and continuance commitment levels across cultures: A meta-analysis. *Journal of Vocational Behavior, 80,* 225–245. http://doi.org/10.1016/j.jvb.2011.09.005

Meyer, J.P., Stanley, L.J. & Parfyonova, N.M. (2012). Employee commitment in context: The nature and implication of commitment profiles. *Journal of Vocational Behavior, 80,* 1–16. http://doi.org/10.1016/j.jvb.2011.07.002

Mikula, G. (1985). Psychologische Theorien des sozialen Austausches. In D. Frey & M. Irle (Hrsg.), *Theorien der Sozialpsychologie* (, S. 273–305). Bern: Huber.

Moser, K. (1996). *Commitment in Organisationen.* Bern: Huber.

Mowday, R. T., Porter, L. W. & Steers, R. (1982). *Organizational linkages: The psychology of commitment, absenteism, and turnover.* San Diego, CA: Academic Press.

Mummendey, A., Klink, A., Mielke, R., Wenzel, M. & Blanz, M. (1999). Socio-structural characteristics of intergroup relations and identity management strategies: Results from a field study in East Germany. *European Journal of Social Psychology, 29,* 259–285. http://doi.org/10.1002/(SICI)1099-0992(199903/05)29:2/3<259::AID-EJSP927>3.0.CO;2-F

Murnighan, J. K. (2012). *Do nothing! How to stop overmanaging and become a great leader.* London: Penguin.

Nerdinger, F. W. (2008). *Unternehmensschädigendes Verhalten erkennen und verhindern.* Göttingen: Hogrefe.

Neumann, A. (Hrsg.). (2013). *Der Fall Schlecker: Über Knausern, Knüppeln und Kontrollen sowie den Kampf um Respekt & Würde.* Hamburg: VSA.

Nouri, H. (1994). Using organizational commitment and job involvement to predict budgetary slack: A research note. *Accounting Organization and Society, 19,* 289–295. http://doi.org/10.1016/0361-3682(94)90036-1

Organ, D. W. (1997). Organizational citizenship behavior: it's construct clean-up time. *Human Performance, 10,* 85–97. http://doi.org/10.1207/s15327043hup1002_2

Organ, D. W., Podsakoff, P. M. & MacKenzie, S. B. (2006). *Organizational citizenship behaviour. Its nature, antecedents, and consequences.* Thousand Oaks: Sage.

Ostroff, C. (1992). The relationship between satisfaction , attitudes, and performance: An organizational level analysis. *Journal of Applied Psychology, 77,* 963–974. http://doi.org/10.1037/0021-9010.77.6.963

Ouwerkerk, J. W., Ellemers, N. & de Gilder, D. (1999). Group commitment and individual effort in experimental and organizational contexts. In N. Ellemers, R. Spears & B. Doosje (Eds.), *Social Identity. Context, commitment, content* (pp. 184–204). Oxford: Blackwell.

Parkes, C., Scully, J., West, M. & Dawson, J. (2007). "High commitment" strategies: It ain't what you do; it's the way that you do it. *Employee relations, 29,* 306–318. http://doi.org/10.1108/01425450710741775

Peters, K., Haslam, S. A., Ryan, M. K. & Fonseca, M. (2013). Working with subgroup identities to build organizational identification and support for organizational strategy: A Test of the ASPIRe Model. *Group & Organization Management, 38,* 128–144. http://doi.org/10.1177/1059601112472368

Petersen, L.-E. & Dietz, J. (2008). Employment discrimination: Authority figures' demographic preferences and followers' affective organizational commitment. *Journal of Applied Psychology, 93,* 1287–1300. http://doi.org/10.1037/a0012867

Phinney, J. S. (1990). Ethnic identity in adolescents and adults: Review of research. *Psychological Bulletin, 13,* 193–208.

Phinney, J. S. (1991). Ethnic identity and self-esteem: A review and integration. *Hispanic Journal of Behavioral Sciences, 13,* 193–208. http://doi.org/10.1177/07399863910132005

Porter, L. W., Steers, R. M., Mowday, R. T. & Boulian, P. V. (1974). Organizational commitment, job satisfaction, and turnover among psychiatric technicians. *Journal of Applied Psychology, 59,* 603–609. http://doi.org/10.1037/h0037335

Postmes, T., Haslam, S. A. & Jans, L. (2013). A single-item measure of social identification: Reliability, validity, and utility. *British Journal of Social Psychology, 52,* 597–617. http://doi.org/10.1111/bjso.12006

Pratt, M. G. (1998). To be or not to be? Central questions in organizational identification. In D. A. Whetten & P. C. Godfrey (Eds.), *Identity in Organizations. Building theory through conversations* (pp. 171–207). Thousand Oaks: Sage.

Pratt, M. G. (2000). Building an ideological fortress: The role of spirituality, encapsulation, and sensemaking. *Studies in cultures, Organizations, and Societies, 6,* 35–69. http://doi.org/10.1080/10245280008523537

Pratt, M. G. (2001). Social identity dynamics in modern organizations: An organizational psychology/organizational behavior perspective. In M. A. Hogg & D. J. Terry (Eds.), *Social identity processes in organizational contexts* (pp. 13–30). Philadelphia, PA: Psychology Press.

Randall, D. M., Fedor, D. B. & Longenecker, C. O. (1990). The behavioral expression of organizational commitment. *Journal of Vocational Behavior, 36,* 210–224. http://doi.org/10.1016/0001-8791(90)90028-Z

Redhill, D. (1999). Ten tips for managing your corporate identity. *Workforce, November, 2.*

Regenthal, G. (1999). *Corporate Identity an Schulen.* Neuwied: Luchterhand.

Richter, A., West, M. A., van Dick, R. & Dawson, J. F. (2006). Boundary spanners' identification, intergroup contact and effective intergroup relations. *Academy of Management Journal, 49,* 1252–1269. http://doi.org/10.5465/AMJ.2006.23478720

Riketta, M. (2002). Attitudinal organizational commitment and job performance: a meta-analysis. *Journal of Organizational Behavior, 23,* 257–266. http://doi.org/10.1002/job.141

Riketta, M. (2005). Organizational identification: A meta-analysis. *Journal of Vocational Behavior, 66,* 358–384. http://doi.org/10.1016/j.jvb.2004.05.005

Riketta, M. (2008). The causal relation between job attitudes and performance: a meta-analysis of panel studies. *Journal of Applied Psychology, 93,* 472–481. http://doi.org/10.1037/0021-9010.93.2.472

Riketta, M. & van Dick, R. (2005). Foci of attachment in organizations: A meta-analysis comparison of the strength and correlates of work-group versus organizational commitment and identification. *Journal of Vocational Behavior, 67,* 490–510. http://doi.org/10.1016/j.jvb.2004.06.001

Riketta, M. & van Dick, R. (2009). Commitment's place in the literature. In H. J. Klein, T. E. Becker & J. P. Meyer (Eds.), *Commitment in organizations: Accumulated wisdom and new directions* (pp. 69–95). New York: Routledge.

Riketta, M., van Dick, R. & Rousseau, D. (2006). Employee attachment in the short and long run: Antecedents and consequences of situated and deep structure identification. *Zeitschrift für Personalpsychologie, 5,* 85–93. http://doi.org/10.1026/1617-6391.5.3.85

Roth, J. & Mazziotta, A. (2015). Adaptation and validation of a German multidimensional and multicomponent measure of social identification. *Social Psychology, 46,* 277–290. http://doi.org/10.1027/1864-9335/a000243

Rotondi, T. (1975). Organizational identification: issues and implications. *Organizational Behavior and Human Performance, 13,* 95–109. http://doi.org/10.1016/0030-5073(75)90007-0

Rousseau, D. M. (1998). Why workers still identify with organizations. *Journal of Organizational Behavior, 19,* 217–233. http://doi.org/10.1002/(SICI)1099-1379(199805)19:3<217::AID-JOB931>3.3.CO;2-E

Sager, J. K. & Johnston, M. W. (1989). Antecedents and outcomes of organizational commitment: A study of salespeople. *Journal of Personal Selling and Sales Management, 9,* 30–41.

Saks, A. M. (1995). Longitudinal field investigation of the moderating and mediating effects of self-efficacy on the relationship between training and newcomer adjustment. *Journal of Applied Psychology, 80,* 211–225. http://doi.org/10.1037/0021-9010.80.2.211

Schuh, S. C., Egold, N. W. & van Dick, R. (2012). Towards understanding the role of organizational identification in service settings: A multilevel, multisource study. *European Journal of Work & Organizational Psychology, 21,* 547–574. http://doi.org/10.1080/13594 32X.2011.578391

Schuh, S. C., van Quaquebeke, N., Göritz, A., Xin, K. R., De Cremer, D. & van Dick, R. (2016). Mixed feelings, mixed blessing? How ambivalence in organizational identification relates to employees' regulatory focus and citizenship behaviors. *Human Relations.* Advance online publication. http://doi.org/10.1177/0018726716639117

Schuh, S. C., Zhang, X.-A., Egold, N. W., Graf, M. M., Pandey, D. & van Dick, R. (2012). Leader and follower organizational identification: The mediating role of leader behavior and implications for follower OCB. *Journal of Occupational and Organizational Psychology, 85,* 421–432. http://doi.org/10.1111/j.2044-8325.2011.02044.x

Schuler, H. & Mussel, P. (2016). *Einstellungsinterviews vorbereiten und durchführen.* Göttingen: Hogrefe. http://doi.org/10.1026/02397-000

Sirower, M. L. (1997). *The synergy trap.* New York: The Free Press.

Slater, M. J., Barker, J. B., Coffee, P. & Jones, M. V. (2015). Leading for gold: social identity leadership processes at the London 2012 Olympic Games. *Qualitative Research in Sport, Exercise and Health, 7,* 192–209. http://doi.org/10.1080/2159676X.2014.936030

Slater, M. J., Evans, A. L. & Barker, J. B. (2013). Using social identities to motivate athletes towards peak performance at the London 2012 Olympic Games: Reflecting for Rio 2016. *Reflective Practice: International and Multidisciplinary Perspectives, 14,* 672–679. http://doi.org/10.1080/14623943.2013.835725

Slater, M. J., Evans, A. L. & Turner, M. J. (2016). Implementing a social identity approach for effective change management. *Journal of Change Management, 16,* 18–37. http://doi.org/10.1080/14697017.2015.1103774

Smidt, J. (2014). *Schleckerfrauen.* Remscheid: Rediroma.

Staufenbiel, T. & Hartz, C. (2000). Organizational citizenship behavior: Entwicklung und erste Validierung eines Messinstrumentes. *Diagnostica, 46,* 73–83. http://doi.org/10.1026//0012-1924.46.2.73

Steffens, N. K., Haslam, S. A., Reicher, S. D., Platow, M. J., Fransen, K., Yang, J., Ryan, M. K., Jetten, J., Peters, K. & Boen, F. (2014). Leadership as social identity management: Introducing the Identity Leadership Inventory (ILI) to assess and validate a four-dimensional model. *The Leadership Quarterly, 25,* 1001–1024. http://doi.org/10.1016/j.leaqua.2014.05.002

Steffens, N. K., Haslam, S. A., Schuh, S. C., Jetten, J. & van Dick, R. (im Druck). A Meta-Analytic Review of Social Identification and Health in Organizational Contexts. *Personality and Social Psychology Review.*

Stegmaier, R. (2016). *Management von Veränderungsprozessen.* Göttingen: Hogrefe. http://doi.org/10.1026/02684-000

Stengel, M. (1987). Identifikationsbereitschaft, Identifikation, Verbundenheit mit einer Organisation oder ihren Zielen. *Zeitschrift für Arbeits- und Organisationspsychologie, 31,* 152–166.

Stierle, C., van Dick, R. & Wagner, U. (2002). Success or failure? Personality, family, and intercultural orientation as determinants of expatriate managers' success. *Zeitschrift für Sozialpsychologie, 33,* 209–218. http://doi.org/10.1024//0044-3514.33.4.209

Tajfel, H. (1978). *Differentiation between social groups. Studies in the social psychology of intergroup relations.* London: Academic Press.

Tajfel, H. & Turner, J. C. (1979). An integrative theory of intergroup conflict. In W. G. Austin & S. Worchel (Eds.), *The social psychology of intergroup relations* (pp. 33–47). Monterey: Brooks/Cole.

Tavares, S., van Knippenberg, D. & van Dick, R. (2016). Organizational identification and "currencies of exchange": Integrating social identity and social exchange perspectives. *Journal of Applied Social Psychology, 46,* 34–45. http://doi.org/10.1111/jasp.12329

Terry, D.J. (2001). Intergroup relations and organizational mergers. In M.A. Hogg & D.J. Terry (Eds.), *Social identity processes in organizational contexts* (pp. 229–248). Philadelphia: Psychology Press.

Terry, D.J. & Callan, V.J. (1998). In-group bias in response to an organizational merger. *Group Dynamics: Theory, Research, and Practice, 2,* 67–81. http://doi.org/10.1037/1089-2699.2.2.67

Terry, D.J. & O'Brien, A.T. (2001). Status, legitimacy, and ingroup bias in the context of an organizational merger. *Group Processes & Intergroup Relations, 4,* 271–289. http://doi.org/10.1177/1368430201004003007

Terry, D.J., Carey, C.J. & Callan, V.J. (2001). Employee Adjustment to an Organizational Merger: An Intergroup Perspective. *Personality and Social Psychology Bulletin, 27,* 267–280. http://doi.org/10.1177/0146167201273001

Thibaut, J.W. & Kelley, H.H. (1959). *The social psychology of groups.* New York: Wiley.

Tosi, H.L., Mero, N.P. & Rizzo, J.R. (2000). *Managing organizational behavior.* Malden, Oxford: Blackwell.

Turner, J.C., Hogg, M.A., Oakes, P.J., Reicher, S.D. & Wetherell, M.S. (1987). *Rediscovering the social group.* Oxford: Blackwell.

Tyler, T.R. (1999). Why people cooperate with organizations: An identity based perspective. In B.M. Staw & R. Sutton (Eds.), *Research in organizational behavior* (Vol. 21, pp. 201–246). Greenwich: JAI Press.

Tyler, T.R. & Blader, S.L. (2000). *Cooperation groups: Procedural justice, social identity and behavioral engagement.* Philadelphia, PA: Psychology Press.

Ullrich, J., Christ, O. & van Dick, R. (2009). Substitutes for procedural fairness: Prototypical leaders are endorsed whether they are fair or not. *Journal of Applied Psychology, 94,* 235–244. http://doi.org/10.1037/a0012936

Ullrich, J., Wieseke, J., Christ, O., Schulze, J. & van Dick, R. (2007). The identity matching principle: Corporate and organizational identification in a franchising system. *British Journal of Management, 18,* 29–44. http://doi.org/10.1111/j.1467-8551.2007.00524.x

Ullrich, J., Wieseke, J. & van Dick, R. (2005). Continuity and Change in Mergers and Acquisitions: A Social Identity Case Study of a German Industrial Merger. *Journal of Management Studies, 42,* 1549–1569. http://doi.org/10.1111/j.1467-6486.2005.00556.x

van Dick, R. (2001). Identification and self-categorization processes in organizational contexts: Linking theory and research from social and organizational psychology. *International Journal of Management Reviews, 3,* 265–283.

van Dick, R. (2004). My job is my castle: Identification in organizational contexts. *International Review of Industrial and Organizational Psychology, 19,* 171–203.

van Dick, R. (2006). *Stress und Arbeitszufriedenheit im Lehrerberuf. Eine Analyse von Belastung und Beanspruchung im Kontext sozialpsychologischer, klinisch-psychologischer und organisationspsychologischer Konzepte* (2. Aufl.). Marburg: Tectum.

van Dick, R. (2015a). *Stress lass' nach! Wie Gruppen unser Stresserleben beeinflussen.* Heidelberg: Springer.

van Dick, R. (2015b). *Entrepreneurin der neuen Identität.* Zugriff am 08.07.2016. Verfügbar unter: http://www.humanresourcesmanager.de/ressorts/artikel/entrepreneurin-der-neuen-identitaet-13204

van Dick, R., Christ, O., Stellmacher, J., Wagner, U., Ahlswede, O., Grubba, C., Hauptmeier, M., Höhfeld, C., Moltzen, K. & Tissington, P.A. (2004). Should I stay or should

I go? Explaining turnover intentions with organizational identification and job satisfaction. *British Journal of Management, 15,* 351–360. http://doi.org/10.1111/j.1467-8551. 2004.00424.x

van Dick, R., Grojean, M.W., Christ, O. & Wieseke, J. (2006). Identity and the extra-mile: Relationships between organizational identification and organizational citizenship behaviour. *British Journal of Management, 17,* 283–301. http://doi.org/10.1111/j.1467-8551. 2006.00520.x

van Dick, R. & Haslam, S.A. (2012). Stress and well-being in the workplace: Support for key propositions from the social identity approach. In J. Jetten, C. Haslam & S.A. Haslam (Eds.), *The social cure: Identity, health, and well-being* (pp. 175–194). Hove and New York: Psychology Press.

van Dick, R., Hirst, G., Grojean, M.W. & Wieseke, J. (2007). Relationships between leader and follower organizational identification and implications for follower attitudes and behaviour. *Journal of Occupational and Organizational Psychology, 80,* 133–150.

van Dick, R. & Schuh, S.C. (2010). My boss' group is my group: Experimental evidence for the leader-follower identity transfer. *Leadership & Organization Development Journal, 31,* 551–563. http://doi.org/10.1108/01437731011070032

van Dick, R. & Schuh, S.C. (2016). Führung von Gruppenprozessen: Identität und Identifikation bei den Mitarbeitern stiften. In J. Felfe & R. van Dick (Hrsg.), *Handbuch Mitarbeiterführung: Wirtschaftspsychologisches Praxiswissen für Fach- und Führungskräfte* (S. 41–52). Berlin, Heidelberg: Springer.

van Dick, R., Stellmacher, J., Wagner, U., Lemmer, G. & Tissington, P.A. (2009). Group membership salience and performance. *Journal of Managerial Psychology, 24,* 609–626. http://doi.org/10.1108/02683940910989011

van Dick, R., Ullrich, J. & Tissington, P.A. (2006). Working under a black cloud: How to sustain organizational identification after a merger. *British Journal of Management, 17,* 69–79.

van Dick, R., van Knippenberg, D., Kerschreiter, R., Hertel, G. & Wieseke, J. (2008). Interactive effects of work group and organizational identitification on job satisfaction and extra-role behavior. *Journal of Vocational Behavior, 72,* 388–399. http://doi.org/10.1016/j. jvb.2007.11.009

van Dick, R. & Wagner, U. (2002). Social identification among schoolteachers: Dimensions, foci, and correlates. *European Journal of Work and Organizational Psychology, 11,* 129–149. http://doi.org/10.1080/13594320143000889

van Dick, R., Wagner, U., Adams, C. & Petzel, T. (1997). Einstellungen zur Akkulturation: Erste Evaluation eines Fragebogens an sechs deutschen Stichproben. *Gruppendynamik, 28,* 83–92.

van Dick, R., Wagner, U. & Gautam, T. (2002). Identifikation in Organisationen: Theoretische Zusammenhange und empirische Befunde. In E.H. Witte (Hrsg.), *Sozialpsychologie wirtschaftlicher Prozesse* (S. 147–173). Lengerich: Pabst.

van Dick, R., Wagner, U., Stellmacher, J. & Christ, O. (2001). Kennzeichen guter und schlechter Schulen: Eine Untersuchung von Lehrkräften und Schulleitungen. *schulmanagement, 32,* 17–21.

van Dick, R., Wagner, U., Stellmacher, J. & Christ, O. (2004). The utility of a broader conceptualization of organizational identification: Which aspects really matter? *Journal of Occupational and Organizational Psychology, 77,* 171–191.

van Dick, R., Wagner, U., Stellmacher, J. & Christ, O. (2005a). Mehrebenenanalysen in der Organisationspsychologie: Ein Plädoyer und ein Beispiel. *Zeitschrift für Arbeits- und Organisationspsychologie, 49,* 27–34. http://doi.org/10.1026/0932-4089.49.1.27

van Dick, R., Wagner, U., Stellmacher, J. & Christ, O. (2005b). Category salience and organizational identification. *Journal of Occupational and Organizational Psychology, 78,* 273–285.

van Dick, R., Wagner, U., Stellmacher, J., Christ, O. & Tissington, P.A. (2005). To be(long) or not to be(long): Social Identification in organizational contexts. *Genetic, Social, and General Psychology Monographs, 131,* 189–218

van Dick, R. & West, M.A. (2013). *Teamwork, Teamdiagnose, Teamentwicklung* (2., überarb. u. erw. Aufl.). Göttingen: Hogrefe.

van Dijk, R.L. & van Dick, R. (2009). Navigating organizational change: Change leaders, employee resistance and work-based identities. *Journal of Change Management, 9,* 143–163. http://doi.org/10.1080/14697010902879087

van Dyne, L. & Ang, S. (1998). Organizational citizenship behavior of contingent workers in Singapore. *Academy of Management Journal, 41,* 692–703. http://doi.org/10.2307/256965

van Knippenberg, D. (2000). Work motivation and performance: a social identity perspective. *Applied Psychology: An International Review, 49,* 357–371. http://doi.org/10.1111/1464-0597.00020

van Knippenberg, D. & Hogg, M.A. (2003). A social identity model of leadership effectiveness in organizations. In B.M. Staw & R.M. Kramer (Eds.), *Research in organizational behavior* (Vol. 25, pp. 243–295). Amsterdam: Elsevier

van Knippenberg, D. & Sleebos, E. (2006). Organizational identification versus organizational commitment: Self-definition, social exchange, and job attitudes. *Journal of Organizational Behavior, 27,* 571–584. http://doi.org/10.1002/job.359

van Knippenberg, D., van Knippenberg, B., Monden, L. & de Lima, F. (2002). Organizational identification after a merger: A social identity perspective. *British Journal of Social Psychology, 41,* 233–252. http://doi.org/10.1348/014466602760060228

van Knippenberg, D. & van Leeuwen, E. (2001). Organizational identity after a merger: Sense of continuity as a key to postmerger identification. In M.A. Hogg & D.J. Terry (Eds.), *Social identity processes in organizational contexts* (pp. 249–264). Philadelphia: Psychology Press.

van Knippenberg, D. & van Schie, E.C.M. (2000). Foci and correlates of organizational identification. *Journal of Occupational and Organizational Psychology, 73,* 137–147. http://doi.org/10.1348/096317900166949

van Leeuwen, E., van Knippenberg, D. & Ellemers, N. (2003). Continuing and changing group identities: The effects of merging on social identification and ingroup bias. *Personality and Social Psychology Bulletin, 26,* 679–690. http://doi.org/10.1177/0146167203029006001

van Quaquebeke, N., Graf, M.M., Kerschreiter, R., Schuh, S.C. & van Dick, R. (2014). Ideal- and counter-ideal values as two distinct forces: Exploring a gap in organizational value research. *International Journal of Management Reviews, 16,* 211–225.

Wagemann, J. (2011). *Umgang mit Arbeitnehmern: Schlecker will sich bessern.* Zugriff am 08.07.2016. Verfügbar unter: http://www.tagesspiegel.de/wirtschaft/umgang-mit-arbeit-nehmern-schlecker-will-sich-bessern/4190952.html

Wagner, U. (1994). *Eine sozialpsychologische Analyse von Intergruppenbeziehungen.* Göttingen: Hogrefe.

Wagner, U. (2001). Intergruppenverhalten in Organisationen: Ein vernachlässigter Aspekt bei der Zusammenarbeit in Projektgruppen. In R. Fisch, D. Beck & B. Englich (Hrsg.), *Projektgruppen in Organisationen* (S. 353–366). Göttingen: Verlag für Angewandte Psychologie.

Wagner, U. & Ward, P. L. (1993). Variation of outgroup presence and evaluation of the in-group. *British Journal of Social Psychology, 32,* 241–251. http://doi.org/10.1111/j.2044-8309.1993.tb00998.x

West, M. A., Hirst, G., Richter, A. & Shipton, H. (2004). Twelve steps to heaven: Success-fully managing change through developing innovative teams. *European Journal of Work and Organizational Psychology, 13,* 269–299. http://doi.org/10.1080/13594320444000092

Wieseke, J., Ahearne, M., Lam, S. K. & van Dick, R. (2009). The role of leaders in internal marketing. *Journal of Marketing, 73,* 123–145. http://doi.org/10.1509/jmkg.73.2.123

Wöhe, G. (2013). *Einführung in die Allgemeine Betriebswirtschaftslehre* (25. Aufl.). München: Vahlen.